Ein Leben ohne Fußball ist möglich, aber sinnlos

Ein Leben ohne Fußball ist möglich, aber sinnlos

Die besten Fußball-Satiren

Herausgegeben von
Gerhard Richter

Ellert & Richter Verlag

Inhalt

9 *Gerhard Richter*
Herzschlagfinale

0:1

16 *Christoph Biermann*
Nur im Fußball gehe ich verloren

17 *Ror Wolf*
Der Ball

19 *Joachim Ringelnatz*
Fußball

22 *Ödön von Horváth*
Legende vom Fußballplatz

27 *Albert Camus*
Was ich dem Fußball verdanke

31 *Karl Valentin*
Fußball-Länderkampf

35 *Alfred Polgar*
Sport als Erzieher

37 *Giovannino Guareschi*
Don Camillo und Peppone

0:2

40 *Friedrich Christian Delius*
Turek, du bist ein Fußballgott

52 *Ephraim Kishon*
Warum ich ein Fußballfan bin

56 *Hans Scheibner*
Der Fußballfan

58 *Dieter Hildebrandt*
Trainer Hopp-Hopp

63 *Hanns Dieter Hüsch*
Tore sollen größer werden

66 *Eckhard Henscheid*
Bundesverdienstkreuz

1:2

70 *Giovanni Trapattoni*
Ich habe fertig!

71 *Ror Wolf*
Der letzte Biß

72 Einer packt aus!

73 Ja, der Fußball ist rund wie die Welt

74 *Robert Gernhardt*
Von Spiel zu Spiel

75 *Moritz Rinke*
Die Liebe ist rund

95 *Hans Scheibner*
Die 89. Minute

97 *Hans Scheibner*
Elfmeter

99 *Eckhard Henscheid*
Hymnentraining

102 *Frank Lüdecke*
Tore & Töne

2:2

106 *Eckhard Henscheid*
Oskar Blose, bitte melden!

111 *Robert Gernhardt*
König Fußball

112 *Moritz Rinke*
Es muss auch ein Herz und eine Seele geben

116 *HG.Butzko*
Olympia Schalke

119 *HG.Butzko*
Wäre Uli Hoeneß aufgewachsen in Schalke

121 *Lutz von Rosenberg Lipinsky*
Investor des Monats

124 *Frank Goosen*
Richtig schick machen

126 *Arnd Zeigler*
Die Attacke der Killer-Anzeigetafel

130 *Manni Breuckmann*
Kerzen spenden für den Auswärtssieg

134 *HG.Butzko*
Wie Gandhi gegen die Bayern!

136 *Christoph Nagel*
Fußball auf Rezept

3:2

142 *Frank Lüdecke*
Fußball – physikalisch und philosophisch!

146 *Manni Breuckmann*
Finale in der „Pink-Dream-Liga"!

151 *Michael Horeni*
Alles noch viel toller

156 Quellennachweis
160 Impressum

Gerhard Richter

Herzschlagfinale

„Aus! Aus! Aus! Das Spiel ist aus! Deutschland ist Weltmeister." Erst ganz langsam komme ich wieder zur Besin-
nung. Nach dem Schlusspfiff bin ich unter einer Traube
von Erwachsenen, alles Männer, begraben. Sekunden
zuvor liegen sich die Spieler um Fritz Walter im Berner
Wankdorf-Stadion in den Armen. Mit 3:2 hat die deutsche
Nationalmannschaft soeben bei der Weltmeisterschaft
1954 in einem hochdramatischen Endspiel die für
unschlagbar gehaltenen Ungarn besiegt.

Rund 400 Fußballverrückte wollten an diesem Juni-
nachmittag in einem kleinen Dorf an der Mosel das Spiel
sehen, aber es gab nur einen Fernseher weit und breit. Der
stand in einem Gasthof, in dessen größten Raum vielleicht
150 bis 200 Personen passten. Was hatte ich für ein Glück,
dass ich noch ein kleiner Junge war – man platzierte mich
vor die erste Reihe, sozusagen Rasierloge! Dahinter eine
Masse von Menschen, zusammengepfercht wie Ölsardinen,
rauchend, trinkend, johlend. Eine Luft zum Schneiden.
Nichts für Klaustrophobiker.

Außer mir konnten nur diejenigen das Spiel wirklich
verfolgen, die sich unmittelbar vor dem Gerät einen Platz
erkämpft hatten. Denn der Fernseher war klein und der
Bildschirm noch kleiner. Bestimmt war die Sicht viel
schlechter als heutzutage beim Public Viewing aus der letzten Reihe. Mein Vater war auch im Raum, irgendwo hinter
mir. Er hat nichts von dem Spiel gesehen.

Zu Beginn der Partie war es noch ruhig. Die Ungarn
waren die haushohen Favoriten, der ungekrönte Weltmeister, der in viereinhalb Jahren und einunddreißig Länderspielen nicht bezwungen worden war. Als „goldene Elf" ist
das Team in die Fußballgeschichte eingegangen. Im

9

Vorrundenspiel hatten sie die deutsche Mannschaft mit 8:3 deklassiert, Deutschland war krasser Außenseiter. Und das schien sich nun zu bestätigen. Bereits nach wenigen Minuten führten die Ungarn mit 2:0. Doch als dann Max Morlock den Magyaren das Anschlusstor ins Netz zirkelte und Helmut Rahn gleich darauf noch den Ausgleich erzielte, war die Begeisterung riesengroß, nicht nur im übervollen Gastraum an der Mosel. Waren die großartigen Techniker aus Ungarn, die Männer um Puskás, Hidegkuti und Kocsis, doch nicht unbezwingbar?

In der zweiten Halbzeit stand das Spiel auf Messers Schneide. Toni Turek, unser Torwart und gern mal als Fußballgott tituliert, hielt auch die sogenannten todsicheren Bälle. Die Mannen um den legendären Mittelläufer Werner Liebrich verteidigten das deutsche Tor mit Bravour, Geschick und Glück. Fritz Walter als Spielmacher, sein Bruder Ottmar, Hans Schäfer und Helmut Rahn versuchten mit Entlastungsangriffen der Hintermannschaft etwas Luft zu verschaffen. Trotzdem lag die erneute ungarische Führung geradezu in der Luft. Noch sechs Minuten musste die deutsche Mannschaft das Unentschieden verteidigen, dann würde das Spiel in die Verlängerung gehen.

Die Spannung war kaum noch zu ertragen. Hans Schäfer flankt in den Strafraum, Kopfball, abgewehrt, aus dem Hintergrund stürmt Helmut Rahn, genannt der Boss, heran. Rahn schießt platziert am ungarischen Torhüter Grosics vorbei ins linke untere Eck. Tor! Tor für Deutschland!

Noch sechs Minuten Daumen drücken, noch sechs Minuten den Ansturm der Ungarn überstehen, noch sechs Minuten bangen, hoffen, zittern. Der Sekundenzeiger wandert nur quälend langsam weiter, und die Ungarn stürmen wild auf das deutsche Tor zu. Chancen für Puskás, Hidegkuti, Czibor. Der Pfosten rettet, Turek hält. Ein Tor wird wegen Abseits nicht gegeben. Dann der erlösende Schluss-

pfiff. Das Spiel ist aus! Deutschland ist Weltmeister! Wild-
fremde Menschen liegen sich in den Armen, Glückstränen
in den Augen.

Wer das erlebt hat, kann sich nur schwer vorstellen, dass
es hundert Jahre zuvor noch eine Welt ohne Fußball gab.
Bis englische Internatsschüler und Studenten das Spiel als
Freizeitvergnügen entdeckten.

Heute ist Fußball ein Faszinosum, das nicht nur Schalker allwöchentlich um den Verstand bringt. Fußball ist
zum Lebensinhalt von Familien geworden, Milliarden
Menschen auf der ganzen Welt begeistern sich daran. Da
wird geflucht, gelästert, gelitten, da werden Spieler zu Göt-
tern erklärt und in Grund und Boden verdammt.

Warum ist das so, was macht dieses Spiel mit uns? Spie-
gelt Fußball wirklich, wie Soziologen behaupten, das Leben
wider? Das Scheitern – der Pass, der nicht ankommt, der
frei vor dem Tor stehende Stürmer, dem die Nerven versagen – spielt eine ebenso große Rolle wie die seltenen
Momente, wo etwas grandios glückt. Oder der Kopfball,
der eben nicht ins Tor, sondern an den Pfosten geht, der
Elfmeter, bei dem der Torwart die richtige Ecke ahnt. Nicht
umsonst heißen viele Fußballvereine „Fortuna".

Es ist wie im täglichen Leben. Auch dort entscheiden
nicht immer Können, Einsatz und Leistung, sondern oft
auch das Glück. Fußball ist eine Momentaufnahme, in der
Können und Glück zusammenfallen, sodass Erfolg und
Misserfolg ganz dicht beieinander liegen.

Fußball ist ein Kunstwerk, und der bessere Krimi sowieso. Wo im Film die Schurken ihr Unwesen treiben und den
Zuschauer nur über die Leinwand emotional erreichen, ist
das, was wir beim Fußball sehen, echt. Wer gewinnt, ist
offen – bis zur letzten Minute. Zwei Mannschaften stehen
sich gegenüber, und das Schauspiel, das Ballett auf dem
Rasen beginnt. Ein Kunstwerk, in dem jede Bewegung,

jeder Spielzug durchdacht und eingeübt ist. Der Trainer ist der Regisseur, die elf Spieler sind die Darsteller.

Nur dass das Drehbuch keineswegs feststeht. Deshalb sind Fußballspiele auch kleine Wunder. Dass diese möglichst oft geschehen, darauf warten wir – und natürlich auf die großen Dramen: Welcher Fan erinnert sich nicht an den entscheidenden Elfmeter, den Uli Hoeneß im Europameisterschaftsfinale 1976 haushoch über das Tor schoss, wer nicht an das Champions-League-Finale von 2012, das Bayern München gegen den FC Chelsea im eigenen Stadion nach Elfmeterschießen mit 3:4 verlor. Diese Dramatik ist es, die weltweit Millionen in den Bann zieht.

Und wie im Theater fühlen und leiden wir mit. Die großen Spiele, die verrücktesten Tore, die begnadetsten Spieler, die glücklichsten Siege und bittersten Momente haben sich in das kollektive Gedächtnis der Fans und bei Europa- und Weltmeisterschaften auch in dasjenige der Nation eingegraben. Manche Wissenschaftler meinen sogar belegen zu können, gewonnene Endspiele besäßen einen positiven Einfluss auf die wirtschaftliche Entwicklung eines Landes.

Und weil Fußball eben das Spiel der Spiele ist, beschäftigen sich auch die Literatur und die Satire, die alles kritisch und mit einer Portion Spott und Witz hinterfragen, mit dieser „unbedeutenden Nebensache". Viele der hier versammelten Satiren, Glossen und Geschichten lassen tief in die Seelenwelt der Autoren als Fans blicken, also in unsere eigene Fußballseele. Neue fußballerische Erkenntnisse sind dabei nicht zu gewinnen, doch so amüsant, wie die Texte geschrieben sind, machen sie uns noch verrückter auf das Runde, das ins Eckige soll, aber nicht immer dort landet.

Dort, wo Fußball kein Mythos ist, sondern auf die Wirklichkeit stößt, haben die wahren Fans ihren Platz. Und die Satiriker. Denn nur wer die Helden von Bern

(1954), München (1974) oder Rom (1990) im rechten Licht sieht, kann überhöhen, überzeichnen und so übertreiben, dass einem beim Lachen die Augen tränen. Oder es einem im Halse stecken bleibt. Was Loriot über seine geliebten Hunde gesagt hat, „Ein Leben ohne Mops ist möglich, aber sinnlos", kann man auch auf den Fußball im Allgemeinen oder auf den heimischen Verein im Besonderen beziehen.

Die Crème de la Crème der deutschen Kabarettisten und Satiriker und viele Literaten sind nicht nur wie Millionen andere diesem Spiel verfallen, sondern haben darüber geschrieben, gelästert, geulkt. In diesem Band haben wir die besten Satiren und einige besonders pointierte literarische Erzählungen rund um die schönste Nebensache der Welt gesammelt. Mit von der Partie sind so bekannte Autoren wie Ephraim Kishon, Dieter Hildebrandt, Moritz Rinke, Friedrich Christian Delius, Hanns Dieter Hüsch, Frank Goosen, Frank Lüdecke, Hans Scheibner und viele andere. Sie alle erzählen Weises über den Ball, das Spiel und über uns, die Fans. Lauter Verbeugungen vor dem Spiel der Spiele, denn auch Satiriker und Autoren sind nur Menschen.

Fußball spielt man meistens immer
mit der unteren Figur.
Mit dem Kopf, obwohl's erlaubt ist,
spielt man ihn ganz selten nur.

Heinz Erhardt

0:1

Christoph Biermann

Nur im Fußball gehe ich verloren

> *Christoph Biermann*, Journalist und Buchautor, bringt den
> Sinn des Fußballspiels auf besonders meditative Weise
> zu Papier. Es ist eine Lobrede auf das beste Spiel der Welt.
> Damit soll dieses Buch beginnen.

Fußball leert den Kopf. Radikal und komplett. Das war es,
was mir damals so gut gefiel und heute immer noch. Für
neunzig Minuten gibt es kein Grübeln und keine Gedanken, die über das Spiel hinausgehen. Neben der leichten,
schwebenden Leere ist nur noch für ganz einfache Fragen
Platz. Wird er seinen Gegenspieler umdribbeln? Wird die
Flanke präzise genug sein? Wird der Kopfball im Tor landen? Wird dieser Vorsprung halten? Das Denken wird
schlicht, und man gerät in eine wunderbare Balance von
Gelöstheit und völliger Anspannung. Je mehr man sich
dem Spiel ausliefert, der Hoffnung und Vorfreude auf
einen Sieg und der Angst vor der Niederlage, desto größer
wird die Anspannung. Und umso weiter wird man aus der
Welt hinausgetragen. Teilt man diesen Zustand mit vielen
Menschen, wird der Sog noch größer. In einem Fußballspiel kann ich versinken. Das unterscheidet Fußball von
allen anderen kulturellen Veranstaltungen. In Musik, in
Bildern oder Büchern versinke ich nie, eher fliegen die
Gedanken davon. Nur im Fußball gehe ich verloren.

Ror Wolf

Der Ball

> *Ror Wolf*, vielfach ausgezeichneter Schriftsteller und Künstler,
> hat in seinem Buch „Das nächste Spiel ist immer das Schwer-
> ste" über das berühmteste Bonmot von Trainerlegende Sepp
> Herberger, „Der Ball ist rund", eine eindrucksvolle Collage
> zusammengestellt.

Frage: Ball ist also nicht gleich Ball?

Antwort: Aber wo denken Sie hin. Wie kommen Sie denn
darauf. Auf keinen Fall.

Frage: Was können Sie uns also sagen zum Ball?

Antwort: Der Ball soll kugelförmig sein. Der Umfang des Balles darf nicht mehr als 71 cm und nicht weniger als 68 cm
betragen. Das Gewicht des Balles bei Spielbeginn darf nicht
mehr als 435 Gramm und nicht weniger als 396 Gramm
betragen. Der Ball ist erst dann im Spiel, wenn er eine
Strecke von der Länge seines Umfangs zurückgelegt hat.

Frage: Und was sagen Sie zum Ball, meine Herren?

Sepp Maier, Tormann: Der Ball ist griffig und liegt gut in der
Hand; es ist der beste Ball der Welt.

Willi Schulz, Kopfballspezialist: Der Ball ist hart, aber nicht zu hart.

Sepp Herberger, Ex-Bundestrainer: Der Ball ist rund.

Tschik Cajkovski, Trainer: Der Ball ist eine Kartoffel.

Frage: Ball ist also nicht gleich Ball?

Antwort: Auf keinen Fall! Das sieht nur so aus.

Frage: Was sagen Sie dazu, Herr Walter?

Fritz Walter, Ehrenkapitän der deutschen Nationalmannschaft: Je leichter der Schuh, desto enger der Kontakt zum Ball. Und um so deutlicher der Unterschied zwischen Ball und Ball. Der Chef hatte ein besonders feines Gespür dafür. Er hörte schon am Klang eines aufspringenden Balles, ob er gut war oder schlecht. Klang es dumpf und hohl, dann schüttelte er den Kopf: der hat keine Seele, der ist leblos. – Wie recht er hatte, spürten wir später. Der Ball spielte nicht mit, er sang nicht, er ließ sich nicht streicheln, er war nicht Kamerad und Freund des Spielers, sondern ein Fremder.

Frage: Also können wir zusammenfassend sagen: Ball ist nicht gleich Ball. Kann man das sagen?

Antwort: Jawohl. Das kann man sagen.

Joachim Ringelnatz

Fußball (nebst Abart und Ausartung)

> *Joachim Ringelnatz* (1883–1934), Schriftsteller, Kabarettist
> und Maler, vor allem bekannt durch sein humoristisches
> Gedicht „Kuddel Daddeldu", hat sich auch dem Spiel der
> Spiele in Versform genähert und fragt: Ist Fußballwahn eine
> Krankheit? Sein Motto: „Humor ist der Knopf, der ver-
> hindert, dass uns der Kragen platzt."

Der Fußballwahn ist eine Krank-
Heit, aber selten, Gott sei Dank.
Ich kenne wen, der litt akut
An Fußballwahn und Fußballwut.
Sowie er einen Gegenstand
In Kugelform und ähnlich fand,
So trat er zu und stieß mit Kraft
Ihn in die bunte Nachbarschaft.

Ob es ein Schwalbennest, ein Tiegel,
Ein Käse, Globus oder Igel,
Ein Krug, ein Schmuckwerk am Altar,
Ein Kegelball, ein Kissen war,
Und wem der Gegenstand gehörte,
Das war etwas, was ihn nicht störte.
Bald trieb er eine Schweineblase,
Bald steife Hüte durch die Straße.
Dann wieder mit geübtem Schwung
Stieß er den Fuß in Pferdedung.

Mit Schwamm und Seife trieb er Sport.
Die Lampenkuppel brach sofort.
Das Nachtgeschirr flog zielbewusst
Der Tante Berta an die Brust.
Kein Abwehrmittel wollte nützen,

Nicht Stacheldraht in Stiefelspitzen,
Noch Puffer außen angebracht.
Er siegte immer, 0 zu 8.

Und übte weiter frisch, fromm, frei
Mit Totenkopf und Straußenei.
Erschreckt durch seine wilden Stöße,
Gab man ihm nie Kartoffelklöße.
Selbst vor dem Podex und den Brüsten
Der Frau ergriff ihn ein Gelüsten,
Was er jedoch als Mann von Stand
Aus Höflichkeit meist überwand.

Dagegen gab ein Schwartenmagen
Dem Fleischer Anlass zum Verklagen.
Was beim Gemüsemarkt geschah,
Kommt einer Schlacht bei Leipzig nah.
Da schwirrten Äpfel, Apfelsinen
Durchs Publikum wie wilde Bienen.
Da sah man Blutorangen, Zwetschen
An blassen Wangen sich zerquetschen.
Das Eigelb überzog die Leiber,
Ein Fischkorb platzte zwischen Weiber.
Kartoffeln spritzten und Zitronen,
Man duckte sich vor den Melonen.
Dem Krautkopf folgten Kürbisschüsse.
Dann donnerten die Kokosnüsse.

Genug! Als alles dies getan,
Griff unser Held zum Größenwahn.
Schon schäkernd mit der U-Bootsmine
Besann er sich auf die Lawine.
Doch als pompöser Fußballstößer
Fand er die Erde noch viel größer.

Er rang mit mancherlei Problemen.
Zunächst: Wie soll man Anlauf nehmen?
Dann schiffte er von dem Balkon
Sich ein in einem Luftballon.
Und blieb von da an in der Luft,
Verschollen. Hat sich selbst verpufft. –

Ich warne euch, ihr Brüder Jahns,
Vor dem Gebrauch des Fußballwahns!

Ödön von Horváth

Legende vom Fußballplatz

Geboren bin ich am 9. Dezember 1901, und zwar in Fiume an
der Adria, nachmittags um dreiviertel fünf (nach einer anderen Überlieferung um halb fünf). Als ich zweiunddreißig
Pfund wog, verließ ich Fiume, trieb mich teils in Venedig und
teils auf dem Balkan herum und erlebte allerhand, u. a. die
Ermordung S.M. des Königs Alexanders von Serbien samt
seiner Ehehälfte. Als ich 1,20 Meter hoch wurde, zog ich nach
Budapest und lebte dort bis 1,21 Meter. War dort selbst ein
eifriger Besucher zahlreicher Kinderspielplätze und fiel durch
mein verträumtes und boshaftes Wesen unliebenswert auf.
Bei einer ungefähren Höhe von 1,52 erwachte in mir der
Eros, aber vorerst ohne mir irgendwelche besonderen Schere-
reien zu bereiten – (meine Liebe zur Politik war damals
bereits ziemlich vorhanden). Mein Interesse für Kunst, insbe-
sondre für die schöne Literatur, regte sich relativ spät (bei
einer Höhe von rund 1,70), aber erst ab 1,79 war es ein
Drang, zwar kein unwiderstehlicher, jedoch immerhin. Als
der Weltkrieg ausbrach, war ich bereits 1,67, und als er dann
aufhörte, bereits 1,80 (ich schoss im Krieg sehr rasch empor).
Mit 1,69 hatte ich mein erstes ausgesprochen sexuelles Erleb-
nis – und heute, wo ich längst aufgehört habe zu wachsen
(1,84), denke ich mit einer sanften Wehmut an jene ahnungs-
schwangeren Tage zurück. Heut geh ich nur mehr in die Brei-
te – aber hierüber kann ich Ihnen noch nichts mitteilen, denn
ich bin mir halt noch zu nah.
Autobiografische Notiz (auf Bestellung) 1927

Es war einmal ein armer kleiner Bub, der war kaum sieben
Jahre alt, aber schon loderte in ihm eine Leidenschaft: Er
liebte den Fußball über alles. Bei jedem Wettspiel musste er
dabei gewesen sein: Ob Liberia gegen Haidhausen, ob
Belutschistan gegen Neukölln – immer lag er hinter einem
der Tore im Grase (meistens bereits lange vor Beginn) und
verfolgte mit aufgerissenen runden Kinderaugen den mehr
oder minder spannenden Kampf. Und wenn ein Spieler

grob rempelte, ballten sich seine Händchen erregt zu Fäus-
ten und mit gerunzelter Stirn fixierte er finster den Übeltäter. Doch wenn dann vielleicht gar gleich darauf des
Schicksals Laune (quasi als Racheakt) ein Goal schoss, so
tanzte er begeistert und suchte strahlend all den Anderen,
die um ihn herum applaudierten, ins Antlitz zu schauen.
Diese Anderen, die neben ihm lagen, waren ja meistens
schon um ein oder zwei Jahre älter, und andächtig horchte
er, wenn sie sich in den ungeheuerlichsten hochdeutschen
Fachausdrücken, die sie weiß Gott wo zusammengehört
hatten, über die einzelnen Spieler und Klubs ergingen;
ergriffen lauschte er trüben Weissagungen, bis ihn wieder
ein wunderbar vollendet geköpfter Ball mit sich riss, dass
sein Herz noch höher flog wie der Ball.

So saß er oft im nassen Grase. Stundenlang. Der
Novemberwind schmiegte sich an seinen schmalen
Rücken, als wollt er sich wärmen, und hoch über dem
Spielplatz zog die Fieberhexe ihre Raubvogelkreise.

Und als der Schlusspfiff verklungen war, da dämmerte
es bereits; der kleine Bub lief noch einmal quer über das
Feld und ging dann allein nach Hause. In den leeren Sonn-
tagsstraßen war es ihm einige Male, als hörte er Schritte
hinter sich: als schliche ihm jemand nach, der spionieren
wolle, wo er wohne. Doch er wagte nicht umzuschauen
und beneidete den Schutzmann, der solch große Schritte
machen konnte. Erst zu Hause, vor dem hohen grauen
Gebäude, in dem seine Eltern den Gemüseladen hatten,
sah er sich endlich um: Ob es vielleicht der dicke Karl ist,
mit dem er die Schulbank teilt und der ihn nie in Ruhe
lässt – aber es war nur ein dürres Blatt, das sich mühsam
die Straße dahinschleppte und sich einen Winkel suchte
zum Sterben.

Und am Abend in seinem Bette fror er trotz tiefroter
Backen; und dann hustete er auch, und es hob ihn vorn-

23

über, als haute ihm der dicke Karl mit der Faust in den Rücken.

Nur wie durch einen Schleier sah er seiner Mutter Antlitz, die am Bettrande saß und ihn besorgt betrachtete; und er hörte auch Schritte im Zimmer, langsame, hin und her: Das war Vater.

Der Nordwind hockte im Ofenrohr, und zu seinem Gesumm fingen Regenbogen an, einen Reigen um ihn zu tanzen. Er schloss die Augen. Da wurde es dunkel. Und still.

Doch nach Mitternacht wich plötzlich der Schlaf, und feine Fingerknöchelchen klopften von außen an die Fensterscheibe – und er hörte seinen Namen rufen – „Hansl!", rief eine sanfte Stimme – „Hansl!" Da erhob sich der kleine Bub aus seinem Bette, trug einen Stuhl vor das Fenster, erkletterte ihn und öffnete –: Draußen war tiefe stille Nacht; keine Trambahn läutete mehr, und auch die Gaslaterne an der Ecke war schlafen gegangen und – vor seinem Fenster im vierten Stock schwebte ein heller Engel; der ähnelte jenem, welcher Großvaters Gebetbuch als Spange umschloss, nur, dass er farbige Flügel hatte: der linke blau und gelb: Das waren die Farben des Fußballvereins von Oberhaching; der rechte rosa und grün: Das waren die Farben dessen von Unterhaching; seine schmalen Füße staken in purpurnen Fußballschuhen, an silberner Sternenschnur hing um seinen Schwanenhals eine goldene Schiedsrichterpfeife und in den durchsichtigen Händen wiegte sich ein mattweißer Fußball.

„Schau", sprach der Engel, „schau!" und köpfte den Ball kerzengerade in die Höhe; der flog, flog – bis er weit hinter der Milchstraße verschwand.

Dann reichte der Himmlische dem staunenden Hansl die Hand und lächelte: „Komm mit – zum Fußballwettspiel –" Und Hansl ging mit.

Wortlos war er auf das Fensterbrett gestiegen, und da er des Engels Hand ergriffen, da war es ihm, als hätte es nie einen dicken Karl gegeben. Alles war vergessen, versank unter ihm in ewigen Tiefen – und als die beiden an der Milchstraße vorbeischwebten, fragte der kleine Bub: „Ist es noch weit?"

„Nein", lächelte wieder der Engel, „bald sind wir dort."

Und weil Engel nie lügen, leuchtete bald durch die Finsternis eine weiße rechteckige Fläche, auf die sie zuflogen. Anfangs glaubte Hansl, es wäre nur ein Blatt unliniertes Papier, doch kaum, dass er dies gedacht hatte, erfasste sein Führer auch schon den Rand; nur noch ein Klimmzug – und es war erreicht!

Doch wie erstaunte da der kleine Bub!

Aus dem Blatt unliniertem Papier war eine große Wolke geworden, deren Oberfläche ein einziger herrlich angelegter Fußballplatz war; auf bunt bewimpelten Tribünen saßen Zuschauer, wie sie in solcher Zahl unser Kleiner noch bei keinem Wettspiel erlebt hatte. Und das ganze Publikum erhob sich zum Gruß, und aller Augen waren voll Güte auf ihn gerichtet, ja selbst der Aufseher, der ihn doch sonst immer sofort hinter das Tor in das nasse Gras trieb, führte ihn unter fortwährenden Bücklingen auf seinen Platz: Tribüne (!) Erste Reihe (!!) Mitte (!!!)

„Wie still nur all die Leute sind!", meinte der kleine Bub. „Sehr recht, mein Herr", lispelte der Aufseher untertänig, „dies sind ja auch all die seligen Fußballwettspielzuschauer."

Unten am Rasen losten die Parteien nun um die Sonne-im-Rücken-Seite und – „das sind die besten der seligen Fußballspieler", hörte Hansl seinen Nachbar sagen; und als er ihn ansah, nickte ihm dieser freundlich zu: Da erkannte er in ihm jenen guten alten Herrn, der ihn einst (als Borneo gegen Alaska verlor) vor dem dicken Karl verteidigte;

noch hielt er den Rohrstock in der Hand, mit dem er dem Raufbold damals drohte. Wie der dann lief!

Unermessliche Seligkeit erfüllte des armen kleinen Buben Herz. Das Spiel hatte begonnen, um nimmermehr beendet zu werden, und die Zweiundzwanzig spielten, wie er noch nie spielen sah. Manchmal kam es zwar vor, dass der eine oder andere dem Balle einfach nachflog (es waren ja auch lauter Engel), doch da pfiff der Schiedsrichter (ein Erzengel) sogleich ab: wegen unfairer Kampfesweise.

Das Wetter war herrlich. Etwas Sonne und kein Wind. Ein richtiges Fußballwetter. Seit dieser Zeit hat niemand mehr den armen kleinen Buben auf einem irdischen Fußballplatze gesehen.

Albert Camus

Was ich dem Fußball verdanke

Albert Camus (1913–1960), in Algerien geborener und aufge-
wachsener französischer Schriftsteller und Nobelpreisträger –
„Die Pest" ist sein berühmtestes Buch – war auch ein passab-
ler Torwart. „Alles, was ich über Moral und Verpflichtungen
weiß, verdanke ich dem Fußball." Ja, Camus wusste wirklich,
wie ein guter Text über Fußball aussehen musste: Seine Liebe
zum Spiel beschrieb er 1957 für das Magazin „France Football".

Ja, ich habe mehrere Jahre bei RUA [Racing Universitaire
d'Alger] gespielt. Es kommt mir so vor, als sei es gestern
gewesen. Aber als ich 1940 noch einmal meine Stollen-
schuhe anzog, merkte ich, dass es nicht gestern gewesen
sein konnte. Noch vor Ende der ersten Halbzeit hechelte
ich wie ein Hund in der Kabylei, der um zwei Uhr nachmittags in der Aprilsonne durch Tizi Ouzou trottet. Es war
also doch schon lange her: so um 1928, glaube ich. Ich hatte damals, Gott weiß warum, in der Association Sportive
Montpensier (ASM) angefangen, obwohl ich in Belcourt
wohnte und die Mannschaft von Belcourt-Mustapha zu
Gallia-Sports gehörte. Aber ich hatte einen Freund, einen
Behaarten, mit dem ich oft im Hafen schwimmen ging und
der bei ASM Wasserpolo spielte. So entscheiden sich
Lebenswege. ASM spielte meist auf dem Champ de
Manœuvre. Der Boden hatte mehr Schrammen als das
Schienbein eines Mittelfeldspielers der gegnerischen
Mannschaft im Alenda-Stadion von Oran. Ich begriff
sofort, dass der Ball nie so auf einen zukommt, wie man es
erwartet. Das war eine Lektion fürs Leben, zumal für das
Leben in der Stadt, wo die Leute nicht ehrlich und gerade
heraus sind. Aber nach einem Jahr ASM und Schrammen
redeten sie mir im Gymnasium ins Gewissen: Ein „Studier-

ter" gehöre in den RUA. Damals war der Behaarte schon aus meinem Leben verschwunden. Wir hatten uns nicht zerstritten, aber er ging mittlerweile in Padovi schwimmen, obwohl dort das Wasser nicht sauber war. Offen gestanden war auch sein Grund nicht ganz sauber. Ich jedenfalls fand, dass sein Grund Charme hatte, aber schlecht tanzen konnte, was mir bei einer Frau nicht annehmbar erschien. Fürs Auf-die-Füße-Treten sind doch die Männer zuständig, oder? Also haben der Behaarte und ich zwar abgemacht, uns bald wiederzusehen. Doch seither sind Jahre vergangen. Viel später bin ich (aus sauberen Gründen) öfter ins Restaurant Padovani gegangen, aber da war der Behaarte schon mit seiner Paralytikerin verheiratet, die ihm wahrscheinlich, wie damals üblich, das Schwimmen verboten hat.

Wo war ich stehen geblieben? Ja, RUA: Ich hatte nichts dagegen, Hauptsache ich konnte spielen. Ab Sonntag fieberte ich dem Donnerstag entgegen, wenn wir Training hatten, und ab Donnerstag dem Sonntag, wenn wir Spiel hatten. Dann also zu denen von der Hochschule. Bald war ich Torhüter in der Jugendmannschaft. Ja, das schien sehr einfach. Was ich nicht wusste, war, dass ich gerade eine Bindung einging, die Jahre halten und mich in alle Stadien des Départements führen würde, und die nie geendet hat. Ich ahnte nicht, dass mich noch zwanzig Jahre später in den Straßen von Paris oder Buenos Aires (das ist mir tatsächlich passiert) das dämlichste Herzklopfen überkommen würde, wenn ein Freund oder Bekannter das Wort RUA aussprach. Und wo ich schon bei den Geständnissen bin, kann ich zugeben, dass ich in Paris zum Beispiel in die Spiele des Racing Club de Paris gehe, der mein Lieblingsverein ist, weil er die gleichen blau-weiß gestreiften Trikots hat wie RUA. Überhaupt hat der Racing Club ganz ähnliche Macken wie RUA: Beide Vereine spielen nach Lehrbuch, wie man so sagt, und lehrbuchartig verlieren sie selbst die Spiele, die sie nun wirklich gewinnen müssten.

Angeblich soll das anders werden, schreiben mir Leute aus Algier, bei RUA jedenfalls. Und es muss sich tatsächlich ändern, aber nicht sehr. Denn genau dafür habe ich schließlich meine Mannschaft so geliebt: nicht nur wegen des Siegestaumels, der umso herrlicher ist, wenn man die Erschöpfung nach der ganzen Anstrengung spürt, sondern auch wegen dieser Abende nach einer Niederlage, wenn einem zum Heulen zumute war.

Als letzten Mann vor mir hatte ich den Großen, Raymond Couard. Er hatte ordentlich zu tun, wenn ich mich recht entsinne. Man ging uns ziemlich hart an. Studenten, Bürgersöhnchen, die schonte man nicht. Wir waren arm dran, in jeder Hinsicht, die Hälfte von uns war zudem arm wie Kirchenmäuse. Da mussten wir durch. Und dabei immer ganz „korrekt" spielen, so wollte es die goldene RUA-Regel, und „männlich" außerdem, denn ein Mann ist ein Mann. Fragwürdiger Trost. Daran hat sich bis heute nichts geändert. Da bin ich sicher.

Das härteste Spiel war das gegen L'Olympique d'Hussein Dey. Das Stadion liegt gleich neben dem Friedhof. Auf dem könnte man ganz schnell landen, gaben sie uns erbarmungslos zu verstehen. Mich, den Torhüter, bearbeiteten sie mit Schlägen. Ohne Roger hätte das übel ausgehen können. Boufarik war auch dabei und dieser dicke Mittelstürmer (wir nannten ihn Melone), der mir immer mit seinem ganzen Gewicht ins Kreuz sprang. Hinzu kam Unterschenkelmassage mit Stollentritten, Zerren am Trikot, Knie in die Weichteile, am Pfosten einquetschen – eine Tortur. Und jedes Mal entschuldigte sich Melone mit einem „Tschuldige, mein Kleiner" und einem Franziskanerlächeln.

Ich komme zum Schluss. Ich habe meinen Rahmen schon deutlich überschritten. Außerdem werde ich melancholisch. Doch, sogar Melone hatte gute Seiten. Im Übrigen haben wir es ihm ehrlich gesagt heimgezahlt. Aber ohne Tricks, das war ja die Regel, die man uns beigebracht hatte. Und ich glaube, damit meine ich es ziemlich ernst. Denn auch wenn mir die Welt in all den Jahren einiges geboten hat, alles, was ich schließlich am sichersten über Moral und menschliche Verpflichtungen weiß, verdanke ich dem Fußball, habe ich bei RUA gelernt. Deshalb kann die RUA auf keinen Fall untergehen.

Erhaltet sie uns! Erhaltet uns dieses großartige Bild unserer Jugend. Es wird auch über eure Jugend wachen.

Karl Valentin

Fußball-Länderkampf

> *Karl Valentin* (1882–1948), Münchner Komiker, setzte sich
> schon sehr früh mit dem Sport auseinander. Bereits 1927
> besuchte er einen Fußball-Länderkampf, der ihn offensicht-
> lich nicht begeistert hat, weil er voraussah, was geschehen
> würde.

Ich bin erst kurz beim Fußballkampf gewesen,
dort war es schön und int'ressant,
den Platz hab ich schon irgendwo gesehen.
die Fußball-Mannschaft hab ich nicht gekannt
und als sie Abschied nahmen von den Toren,
das Spiel war aus, sie reichten sich die Hand,
ich hab mein Herz in Heidelberg verloren,
mein Herz das wohnt am Isarstrand.

Große Tagesplakate kündigten einen großen Fußballkampf
an. Ich hab noch nie einen solchen gesehen. Flugs eilte ich
an eine Autowartestelle und frug den Führer, ob er gewillt
wäre, mich zu dem heutigen Fußball-Rennen zu bringen.
Nachdem mich der Autoführer aufgeklärt hatte, daß heute
kein Fußball-Rennen, sondern ein Fußballkampf stattfin-
det, stieg ich in das Auto und fuhr los. Sowas von Menschen habe ich noch nie gesehen, eine direkte Völkerwan-
derung von der Stadt bis zum Fußballplatz. Ich zählte mindestens 5000 Autos. Wenn man bedenkt wegen einem Fußball 5000 Autos, das ist kolossal. Am Sportplatz selbst eine
Menschenmasse von 50 000 Menschen, dazu 5000 Auto
gerechnet, also zusammen 55 000. Am Fußballplatz ange-
langt, frug ich sofort einen Platzanweiser: Wo ist die Drehbühne? Drehbühne? sagt er, gibt es hier nicht. Was, sag
ich –? 50 000 Menschen und keine Drehbühne? Sind Sie

verrückt? Ich habe doch im Kartenvorverkauf eine Dreh-
bühnenkarte gekauft! Ich wies meine Karte vor, der Irrtum
wurde mir klar – es war keine Drehbühnen-, sondern eine
Tribühnenkarte. Ich wälzte mich also zur Tribühne hinauf.
Schlängelte mich amphibisch zu Platz Nr. 4376 hinauf. Ich
saß. Ich saß kaum – wer stand vor mir? Ein Mann mit
einem heißen Blechkessel. „Wollen Sie heiße Würstchen"
sprach er. – „Nein", sagte ich, „das Gegenteil – ich will das
Fußballwettspiel sehen." Ich zog meine Uhr aus der Tasche
und sah – 4 Uhr 10. Beginn 4 Uhr.

Wann geht es endlich an? – Ich wurde ungeduldig und
schrie aus Leibeskräften!! – Schon wieder war einer da –
„Wer wünscht hier ein Los? Ziehung unwiderruflich Freitag, den 1. April." Nun begann die Musikkapelle drei
Musikpiecen zu spielen. Vom Fußballspiel war noch keine
einzige Spur zu sehen. Die Musikkapelle spielte hierauf ein
Dacapo. Währenddessen nahte ein Flieger samt Flugappa-
rat surrend zum Flugplatz heran. – Der Flieger war hoch
oben, der Platz tief unten, das Publikum ebenfalls. Es war
ein ergreifendes Schauspiel. Besser hätte man es in einem
Schauspielhaus auch nicht gesehen. Ich habe schon in meinem Leben viel Flieger gesehen, aber diesmal nur einen,
oder besser gesagt, damals nur diesen. Als das Flugzeug
sich dieses Fußballs entledigt hatte, flog es hurtig von dan-
nen. Nachdem uns die Musik wiederum etwas geblasen
hatte und das Fußballspiel noch immer nicht begann, rief
ich zum zweitem Mal aus Leibeskräften: „Los!!!" Wer kam
wieder daher? Der Mann mit den Losen! „Ziehung unwiderruflich am Freitag, den 1. April." – Nun wurde es mir
fast zu dumm, wir wollten gehen … Sie staunen, weil ich
wir sagte – wir waren zu zweit, ich und mein Regenschirm.
Um wieder auf den Fußball zu kommen, ich vergesse nie
den Anblick, wie auf dem riesigen Festplatz dieser kleine
Fußball lag – einsam und verlassen. Hätte ich Tränen dabei

gehabt, ich hätte dieselben geweint. Auf einmal – wir konnten es kaum erwarten – fing es endlich an … zu regnen. Von diesem Augenblick an war ich überzeugt, daß die Menschen vom Affen abstammen. Denn wie bekannt, machen doch die Affen alles nach. Beim ersten Regentropfen öffnete ich meinen Regenschirm und siehe da – – – alle 45 000 Menschen machten mir es nach. – – Was sagen Sie dazu?

Hätte ich vielleicht meinen Regenschirm nicht aufgespannt, hättens alle anderen auch nicht getan. Und alle 45 000 Menschen wären naß geworden bis auf die Haut, die sich ja bei jedem Menschen unter den Kleidern befindet. Plötzlich ein Fahnenschwenken, die Musikkapelle spielte dazu und das erste Fußballbataillon marschierte mit klingendem Spiel auf das Spielfeld. Ich sprach zu meinem neben uns stehenden Freund: „Nun geht's los." Wer stand wieder da? Der Mann mit dem Los: „Ziehung unwiderruflich Freitag, den 1. April." … Es war zum Kotzen. Ich werde dieses Datum nie mehr vergessen. – Und nun begann der Anfang. Es erschienen nun die Fußballlieblinge, die vom Publikum vergötterten Fußballisten. Da begannen die 45 000 Menschen ein 90 000händiges Applaudieren. Der Torwärter stand schon vor den Toren, und die Musik spielte dazu „Am Brunnen vor dem Tore." Alles stand kampfbereit, aber der Fußball stand noch immer allein und einsam in der Mitte. Es war bereits 4 Uhr 30 alte und 16 einhalb Uhr neue Zeit zugleich. Da ging wie ein Lauffeuer ein unleises Raunen durch die Menschenmassen … Die Photographen kommen. Mindestens ein halbes Dutzend Photographen ohne Ateliers bevölkerten jetzt das Spielfeld. Das Spiel begann nun – – immer noch nicht und die Kapelle spielte dazu das alte Volkslied „Es kann doch nicht immer so bleiben." Das war denn auch meine Meinung und nach einigen kürzeren Minuten erschienen endlich drei Kinooperateure. Nun trat eine Pause ein, nach deren Ende plötzlich die Sanitätsmannschaft auf dem Platze Platz nahm. Anschließend daran kam der Herr Amtsrichter – Verzeihung – Schiedsrichter, um seines Amtes zu walten. Er ging in die Mitte, pfiff und das Spiel begann. Enden tat das Spiel mit dem Sieg der einen Partei – die andere Partei hatte den Sieg verloren. Es war vorauszusehen, daß es so kam.

Alfred Polgar

Sport als Erzieher

> *Alfred Polgar* (1873–1955), österreichischer Schriftsteller,
> Kritiker und Übersetzer, ist einer der bekanntesten Autoren
> der Wiener Moderne. Seine Bücher wurden ebenso wie
> die von Joachim Ringelnatz nach der „Machtergreifung"
> Hitlers verbrannt. Die bereits in den 1920er-Jahren beobach-
> teten Auswüchse der Fankultur bei Fußballspielen sagen
> nicht nur etwas über die visionären Fähigkeiten des Autors
> aus, sondern auch darüber, wie die Fratze der Fankultur das
> Spiel zum Kampf auf den Rängen degradieren kann.

Bei einem kürzlich stattgehabten Fußballmatch zwischen
zwei Wiener Sportvereinigungen kam es zu Unstimmigkeiten der Fußballer untereinander, ferner zu Unstimmigkeiten zwischen ihnen und dem Schiedsrichter, zwischen
diesem und dem Publikum, zwischen den Leuten im
Publikum untereinander, zwischen dem Publikum und den
Fußballern, und schließlich zwischen der Gesamtheit der
Anwesenden und der Polizei. Diese Unstimmigkeiten
führten zu verbalen Auseinandersetzungen und in deren
Folge zu Fuß- und Handgreiflichkeiten. Als der Schiedsrichter, nach heldenhaften Versuchen, zwei halfbacks aus
dem Clinch zu lösen, mit zerschlagenem Nasenbein auf
dem Boden lag, übernahm das Publikum die Leitung des
Spiels. Es gelang ihm durch forsch vorgetragenen Angriff,
die Fußballer in deren Kabinen zurückzudrängen. Nach
Ablauf der Halbzeit dieser Unternehmung stand das Spiel
20:3, das heißt zwanzig Verwundete (darunter drei schwer)
bei den Zuschauern und drei (darunter einer schwer) bei
den Fußballern. In der darauffolgenden Phase des Spiels,
das das Publikum unter sich allein ausmachte, gab es viele
Fouls und zu wenig Tragbahren. Schließlich endete das
Match mit einem klaren Sieg des Polizeiteams, dessen

Stürmerreihe Vorbildliches leistete. Es war ein ereignisreicher Fußballkampf, der noch Stunden nachher zu erregten fachmännischen Debatten zwischen den Teilnehmern führte, die sich zumeist allein, ohne Bemühung der Rettungsgesellschaft, in ihre Wohnungen begeben konnten. Die auf dem Sportplatz gesammelten ausgeschlagenen Zähne wurden dem Institut für Kultur der Leibesübungen abgeführt.

Giovannino Guareschi

Don Camillo und Peppone

Giovannino Guareschi (1908–1968) wurde als Schriftsteller
durch seine Geschichten über „Don Camillo und Peppone"
bekannt, die später mit großem Erfolg ins Kino kamen.
Hier kommentiert er ein hart umkämpftes Match gegen die
kommunistische Bande Peppones, das – natürlich – verloren
geht. Trost sucht Don Camillo höheren Ortes.

„Jesu, dann danke ich Dir, dass Du mich verlieren ließest.
Und wenn ich Dir sage, dass ich die Niederlage unbeschwer-
ten Herzens hinnehme, als eine Strafe für meine Unanstän-
digkeit, dann musst Du mir glauben, dass ich wirklich
bereue. Denn, wie soll man denn nicht vor Wut platzen,
wenn man sieht, dass eine solche Mannschaft verliert, eine
Mannschaft, die – ohne mich loben zu wollen – in der
B-Liga spielen könnte, eine Mannschaft, die zweitausend solche ‚Dynamos' ohne Öl und Essig schlucken könnte … Glaube mir, es ist herzzerreißend und schreit um Rache zu Gott!"

„Don Camillo", ermahnte Christus lächelnd.

„Nein, Du kannst mich nicht verstehen", seufzte Don
Camillo. „Der Sport ist eine Sache für sich. Wer darin
steckt, der steckt eben darin, und wer nicht darin steckt,
der steckt halt nicht darin. Drücke ich mich klar aus?"

„Nur allzu klar, mein armer Don Camillo. Ich verstehe
dich so gut, dass ich … Na gut, wann ist das Revanchespiel?"

Don Camillo sprang auf, und das Herz quoll ihm vor
Freude über.

„Sechs zu null!", schrie er. „Sechs Bälle, die sie nicht einmal an den Torstangen vorbeifliegen sehen werden! So wie
ich jetzt diesen Beichtstuhl dort treffe!"

Er warf seinen Hut in die Luft, und, ihn mit dem Fuß
im Fluge erreichend, jagte er ihn durch das Fenster des
Beichtstuhls.

„Tor!", sagte Christus lächelnd.

Boß Rahn, im Fallen jubelnd, hat getroffen,
mit seinem linken Fuß, das sieht man gern,
an einem schiefergrauen Tag in Bern.
Für Deutschland ist der ganze Himmel offen.
Der Chef: man sieht, wie er in Bern verschmitzt
hoch auf den Schultern seiner Männer sitzt.

Ror Wolf

0:2

Friedrich Christian Delius
Turek, du bist ein Fußballgott

> F.C. *(Friedrich Christian) Delius*, in einem Pfarrershaushalt
> groß gewordener Schriftsteller, beschreibt, wie er als
> Elfjähriger Weltmeister wurde. Im Radio „erlebt" er das End-
> spiel zwischen Ungarn und Deutschland 1954. Als der
> Reporter den Torwart der deutschen Nationalmannschaft
> Toni Turek als „Fußballgott" preist, gerät er in religiöse
> Erklärungsnöte.

*Hier sind alle Sender der Bundesrepublik Deutschland und
West-Berlins, angeschlossen Radio Saarbrücken. Wir übertragen aus dem Wankdorf-Stadion in Bern das Endspiel um die
Fußballweltmeisterschaft zwischen Deutschland und Ungarn.
Reporter ist ...* von fern kam die Stimme, fremd und deut-
lich jede Silbe laut gesprochen, ich durfte nur leise hören,
das war die Bedingung, ich rückte den Stuhl näher an das
Gerät, neigte mich der fernen Stimme entgegen, der Spre-
cher wechselte ... *Deutschland im Endspiel der Fußballwelt-
meisterschaft, das ist eine Riesensensation, das ist ein echtes
Fußballwunder, ein Wunder, das allerdings auf natürliche
Weise zustande kam.*

Ich vertraute mich der fremden Stimme an, die geschmei-
dig und erregt die Begeisterung von Silbe zu Silbe trug und
sich schnell steigerte zu Wortmelodien wie *Riesensensation*
und *Fußballwunder*. Ich war sofort gefangen von diesem
Ton: Da sagte ein Erwachsener in wenigen Worten endlich
alles, was ich fühlte und nicht fassen konnte, ich sog die
Stimme ein, ließ mich von ihr führen, heben und abwärts-
schaukeln. Das Spiel hatte bereits begonnen, im Hintergrund Zuschauerrufe, ich stellte die Sendernadel genauer
ein, Frankfurt zwischen seltsamen Orten wie Hilversum,
Monte Ceneri, Sottens und Beromünster, und als die

Namen *Fritz Walter* und *Rahn* fielen und ein erster gewaltiger Schuss, den der Reporter mit einem wuchtigen Stimmstoß nachahmte, zuckte mir der rechte Fuß: Das Wunder war da, es gab eine direkte Verbindung zum Spielfeld in Bern. Dort regnete es heftig, ich stellte mich auf den Regen ein, wie schnell rutscht man auf nassem Rasen, und lief hinter dem Ball her, den ich nicht sah, auf dem Drehstuhl, dem Amtsstuhl vor dem mächtigen Schreibtisch des Vaters, zum Radio gedreht, als könnte ich im Radio etwas sehen, als könnte mein Blick auf den braungelben, vor den Lautsprecher gespannten Stoff oder auf das magische grüne Auge den Verlauf des Spiels beeinflussen und den Ball vor die richtigen Füße lenken.

Ohne eine Sekunde darüber nachdenken zu müssen, lief ich und schoss ich mit auf der Seite der Deutschen, der *Außenseiter*, weil ich mir mitten in Deutschland nichts anderes vorstellen konnte, als gegen die Ungarn zu sein, den *großen Favoriten, den ungekrönten Weltmeister, der seit viereinhalb Jahren in einunddreißig Länderspielen nicht bezwungen wurde.* Außerdem waren die Ungarn mehr oder weniger Kommunisten, gehörten zu den mir seit einem Jahr, seit Juni 1953, verhassten Feinden, und vielleicht spielte auch eine stille Ablehnung großer Favoriten und unbesiegbarer Mächte mit. Ich hatte keinen Funken Sympathie für die *ungekrönte* Fußball-Weltmacht, die mit dem 8:3 im Vorrundenspiel schon vorgeführt hatte, wie sie *uns,* die Unterlegenen, die Kleinen, die *Außenseiter*, fertigmachen konnte.

Unsere tapferen Jungens ... hatten es geschafft, gegen diese Macht anzutreten, sie herauszufordern, ihr standzuhalten, und ich versuchte, mit meinen Wünschen *unseren tapferen Jungens* zu helfen. Der Reporter nahm meine heimlichen

Gedanken ernst, zog mich mit aufs Spielfeld oder in die erste Reihe der Zuschauer, das war egal, ich war mittendrin, denn bei jedem *uns* oder *unser* oder *wir* war auch ich angesprochen und gehörte schon nach wenigen Minuten mitten in die Gemeinde der Fußballanhänger. Ich rechnete es mir hoch an, dass *wir* so weit gekommen waren bis jetzt, ich fühlte mich stark und immer stärker, vielleicht waren die Ungarn ja doch zu stoppen und die Niederlage zu vermeiden. Aber es drohte Gefahr in jeder Sekunde … *schlechtes Abspiel, Nachschuss, Tor!* 1:0 für die Ungarn, … *was wir befürchtet haben, ist eingetreten … der Blitzschlag der Ungarn.* Ich fasste es nicht sofort, völlig überrascht, und das Schlimmste an der Enttäuschung über das Tor war, dass ich mich ertappt fühlte, weil ich dazu beigetragen hatte: Mein Hochgefühl am Radio in Wehrda hatte auf dem Spielfeld in Bern den Gegenschlag ausgelöst. Das Tor fällt immer dann, wenn man überheblich und leichtfertig wird, dann passt man nicht auf, dann passiert es, so viel verstand ich vom Fußball.

Der Reporter versuchte zu trösten … *vergessen wir nicht, Deutschland hat noch nie einen ähnlichen Erfolg errungen* … aber mich tröstete er nicht, das war der Anfang der Niederlage, … *die Angriffsmaschine der Ungarn rollt* … und der Schrecken über das Tor war noch nicht geschluckt … *Tschibor wie ein Wirbelwind* … und schoss das zweite, nur zwei Minuten später. Es war alles verloren, meine zitternde Aufmerksamkeit, meine Verneigung vor dem Radio, mein Zucken im Fuß nützten nichts. Auch die anfeuernde Stimme des Reporters half nicht mehr, eben hatte er noch gesagt, *es ist ein großer Tag, es ist ein stolzer Tag, seien wir nicht so vermessen, dass wir glauben, er müsste erfolgreich ausgehen* …, jetzt wurde er ruhiger, nüchtern im Ton und stimmte mich auf die Katastrophe ein. Nach acht Minuten zwei Tore, damit war alles entschieden. Es nützte nichts, an das gute Regenwetter zu glauben, das auf unserer Seite sein sollte, das *Fritz-Walter-Wetter*, wir waren wieder Verlierer, wieder gehörte ich zu den Verlierern, der Reporter hatte recht, es war *vermessen* gewesen, Gedanken an einen Sieg zuzulassen, und noch schlimmer war: Auch der schüchterne Mut zu dieser Hoffnung war bestraft, ich hatte mich schon zu weit gewagt mit dem vorsichtigen Wahn von Größe und Sieg, ich schämte mich, drehte den Körper weg vom Radio, suchte den Schutz der Gleichgültigkeit und redete mir ein: Egal, es ist doch ganz egal, wie das Spiel ausgeht.

Und Tor! Tor für Deutschland! Tor! ... Ein Spagatschritt von Morlock schoss alles wieder weg, was ich gerade gedacht hatte, das Tor stieß die Hoffnung wieder an, nicht völlig unterzugehen ... *Gott sei Dank, es steht nicht mehr zwei zu null.* Ich konzentrierte mich, starrte auf das grüne Auge, als sei es der Ball, und schob ihn meinen Spielern zu, die Spieler kämpften auf dem Feld, kämpften auf rutschigem Boden, vor dem deutschen Tor Gefahr, Sekunden später Gefahr vor dem ungarischen Tor ... *der Außenseiter stürmt* ... in jeder Minute ein Angriff auf der einen wie der anderen Seite, die Reporterstimme wogte hin, wogte her zwischen *Möglichkeit!* und *Möglichkeit!*, sodass die Weite des Spielfelds und das Mittelfeld durch das Spieltempo wie verkleinert schienen und ich die weißen Pfosten der beiden Tore sehr nah beieinander sah. Schwarz-weiß war mein Bild von dem fernen Spiel, nicht nur weil die Deutschen in schwarzen Hosen und weißen Hemden auftraten, sondern weil die Ungarn für mich keine bestimmten Farben hatten oder ich ihnen keine deutliche Farbe gönnte. Ich sah nur kräftige, rohe Gestalten mit bedrohlichen Namen wie *Puschkasch, Hidegkuti, Tschibor*, sah den Rasen grau, den

Regenhimmel grau, die Zuschauer grau, sah die Spielzüge im Tempo der Namen, die der Reporter mal wie ein Stürmer, mal wie ein Verteidiger zu mir herüberflankte, ich wurde Teil der Bewegung zwischen Hell und Dunkel, zwischen Abseits und Aus, war am Ball, war der Ball, hierhin und dorthin getreten, hier auf der Torlinie die letzte Rettung, dort auf der Torlinie, aber … *der ruhige, eiserne Toni hält. Einmal Atem holen … Ecke für Deutschland, und … Tor! Tor! Eckball von Fritz Walter, Tor von Rahn! Aus null zu zwei zwei zu zwei! Ja ist es zu glauben, wir haben ausgeglichen gegen Ungarn, die großartigste Technikerelf, die man kennt!*

Die Stimme bebte, ich bebte mit, ich schrie nicht auf, durfte während der Mittagsruhe den Torschrei nicht mit meiner Stimme verstärken, denn der Ofen war durch einen Schacht mit dem Kachelofen im Zimmer der Großeltern verbunden und übertrug jedes auffällige Geräusch direkt nach oben. *Und wieder stürmt Deutschland …* die leise laute Stimme hob mich, peitschte mich zu einer Regung auf, die mich gleichzeitig in einen stimmlosen Stillstand versetzte, ich fühlte den Sturm der Gefühle, den das zweite Tor in mir ausgelöst hatte, aber ich hatte kein Ventil dafür, durfte keins haben, also staute ich alles auf, sammelte, speicherte und hielt still … *Kinder, ist das eine Aufregung!*

Ich hatte noch nie eine Fußballreportage gehört, immer öfter fielen Wörter, die nichts mit Fußball zu tun hatten … *Wunder! … Gott sei Dank! … So haben wir alle gehofft, gebetet!* … und ich staunte, dass der Reporter das Wort *glauben* mit mehr Inbrust als ein Pfarrer oder Religionslehrer aussprechen konnte. Beinah wieder ein Tor für Ungarn, beinah ein Tor für Deutschland, und wieder hielt Toni Turek einen *unmöglichen* Ball, wieder Gefahr, der Ball im

Tor, nein, … *Turek, du bist ein Teufelskerl! Turek, du bist ein Fußballgott!*

Ich erschrak über diese Sätze und freute mich gleichzeitig, dass Turek gehalten hatte, aber der Schrecken saß tiefer, und im Abklingen des Echos dieser Rufe begann ich auf die schüchternste Weise zu ahnen, was für Schreie das waren: eine neue Form der Anbetung, ein lästerlicher, unerhörter Gottesdienst, eine heidnische Messe, in der einer gleichzeitig als Teufel und Gott angerufen wurde. Auch wenn es nicht wörtlich gemeint war, Phrasen des Jubels nur, ich drehte die Lautstärke noch ein wenig herunter, weil es mir peinlich gewesen wäre, wenn jemand mich beim Hören von Wörtern wie *Fußballgott* abgehört hätte. Ich sträubte mich gegen diese Lästerung und bot alle meine angelernten Argumente dagegen auf: *Du sollst keine anderen Götter haben neben mir, Du sollst den Namen des Herrn nicht unnützlich führen,* und doch gefiel mir, noch immer gebannt vom Nachklang der drei Silben *Fußballgott,* dass dieser Gott sehr menschlich war, dass da Götter, statt blutend am Kreuz zu hängen, für mich im Tor standen oder Tore schossen, sich abrackerten im strömenden Regen und kämpften wie *Liebrich, Liebrich, immer wieder Liebrich,* und langsam ahnte ich, weshalb meine Eltern für den Fußball und für meine schüchterne Neigung zu diesem Sport nichts übrighatten und hier vielleicht die Konkurrenz anderer, lebendigerer Götter fürchteten.

Die Spannung des Spiels lockerte meine widerspenstigen Schuldgefühle, gegen das erste Gebot zu verstoßen durch bloßes Zuhören, ich fand von Minute zu Minute mehr Gefallen daran, einen heimlichen Gott, einen *Fußballgott* neben dem Herrgott zu haben. Der Mann der Gebote hing direkt hinter mir an der Wand, ich sah mich um, auf einem postkartengroßen, goldgerahmten Bild hielt ein braundunkler, bärtiger Moses die Feder und nahm das Diktat der Zehn Gebote entgegen, aber er blickte zur Seite, zum Herrn, schrieb mit der Gänsefeder und kümmerte sich um die Gotteslästerung des Reporters und meinen Anflug der Zustimmung nicht.

Ich war allein, aber umstellt von Bildern und Gegenständen, die das Zimmer zum Amts- und Gotteszimmer machten, wo Predigten geschrieben, Andachten gehalten, Anweisungen an Brautpaare und Taufpaten gegeben wurden, wo die Bücher dunkel hinter Glas aufgereiht auf ihre staubige Auferstehung warteten, wo die Strenge zweier Kreuze die Wände markierte und die dreifache Rose als Familienwappen ein Schmuck war, hier musste man sich jeden Vormittag um elf zu einem kurzen Gebet versammeln, hier wertete mein Vater die Wunder Jesu aus dem Heiligen Land für die Bauern von Wehrda, Rhina, Schletzenrod und Wetzlos aus, hier wälzte er das Wort Gottes um und schöpfte Erkenntnisse, Zitate, Stichworte, hier wollte er nicht gestört sein und spielte die bekannten Kirchenlieder auf dem Klavier, hier teilte er Prügel und Geschenke aus: wenn die Zehn Gebote irgendwo galten, dann hier. Die Rufe des Reporters *Ein Wunder! ... gebetet! ... Fußballgott!* klangen in meinen Ohren nach und rüttelten an allem, was ich in diesem Zimmer sah, aber die Kreuze waren nicht von der Wand gerutscht, der Ermunterungsspruch in halb verständlichem Latein für den Seelsorger VENI SANCTE SPIRITUS / PASCE PASTOREM / DUC DUCEM / APERI APERTURO / DA DATURO prangte in gespreizter Schönschrift über dem Kreuz, ohne dass der Heilige Geist dazwischengefahren war, die dicke HEILIGE SCHRIFT lag wie ein schwarzer Kindergrabstein auf dem grünen Filz des Schreibtischs, und als der Reporter von

unserem *Schutzengel* sprach, rührten sich die Musikengel
über dem Klavier so wenig wie der Engel der Verkündi-
gung gegenüber an der Wand, der steif vor der knienden
Maria im Säulengang die segnenden Hände hob. Immer
besser gefiel mir die Lästerung, und in diesen Minuten
rückte ich ab von der dreieinigen Besatzungsmacht Gott,
Jesus und Heiliger Geist und begann an einen *Fußballgott*
und Außenseitergott zu glauben, und nicht nur an einen,
denn wenn Turek ein *Fußballgott* war, dann mussten die
anderen zehn auch so etwas wie Götter sein. [...]

Der Himmel schüttete seinen gnädigen Regen über die
Spieler hinab, das *Fritz-Walter-Wetter* hielt an, aber sonst
hatte der Himmel, hatten Vater, Sohn und Heiliger Geist
hier nichts zu bestellen, hier flehte niemand nach oben,
hier war nichts bestimmt oder vorherbestimmt, hier funkte
keiner aus der Hierarchie Gott, Vater, Mutter und Großvater dazwischen. Hier schaute ich ins Weite, nach vorn,
und hier regierte nicht einer, sondern ein Team mit einem
Kapitän, einem ganz anderen Kapitän als mein Großvater
im U-Boot, hier waren elf Mann mit *enormer Einsatzfreude
dabei*, alle mussten gut sein, alle waren aufeinander
angewiesen, keiner durfte *abseits* stehen, das Prinzip des
Gehorchens oder Fügens oder Anpassens oder Weg-
tauchens galt hier nicht, es zählten nur die hellwache
Lebendigkeit eines *Dribbelkönigs* und der Spieler mit
Dynamit in den Füßen.

Trotzdem wusste ich, dass alle Anstrengung vergeblich war,
die Niederlage am Ende stand fest wie die Macht der
Ungarn, der Ungeschlagenen ... *einundzwanzig Spieler in
der deutschen Hälfte* ... ein Gegenangriff, Erholung ... *jetzt
ein Angriff der Ungarn, Turek heraus, Nachschuss Hidegkuti! – Toni, Toni, du bist Gold wert, du bist mindestens so*

schwer in Gold aufzuwiegen wie der Coup Rimet … Gold, echtes Gold, Geld, Reichtum, wieder ein anstößiger Vergleich, ein Mensch goldgleich, was für eine Sünde, so zu denken, so etwas laut zu sagen, was hatte das Spiel mit Gold zu tun, nach Gold und Geld durfte ich nicht streben, *eher ein Kamel durch das Nadelöhr als ein Reicher in den Himmel*, Geld war der Anfang des Weges zur Hölle, die Verführung, Materialismus. Gold war im Märchen, in den Ringen, in Zähnen erlaubt, alles andere führte direkt zum *Goldenen Kalb*, das die Israeliten angebetet und umtanzt hatten, statt auf Moses und Gottes Gebote zu warten. Nun wurden meine Helden schon in Gold aufgewogen, ich versuchte mir das vorzustellen, um meine Verwirrung besser zu fassen: eine Waage, ein Goldhaufen, glücklich goldglänzende Gesichter in der Sonne, das Bild blendete.

Plötzlich sagte er … *noch zehn Minuten* … jetzt zählten die Sekunden, und das Tempo, das Hin und Her steigerte sich wieder, die Reporterstimme überschlug sich, und wieder Hidegkuti, und wieder Fritz, und wieder ein Eckball für Deutschland … *unser Fritz läuft an, halten Sie die Daumen zu Hause! Halten Sie sie, und wenn Sie sie vor Schmerz zerdrücken, jetzt ist es egal, drücken Sie!* … und wieder nichts, und wieder Eckel, und wieder Hidegkuti, und wieder Puschkasch, und wieder Hidegkuti, und wieder Todt, und wieder Kotschitsch und Puschkasch, und … *Kopfabwehr von Liebrich, immer wieder Liebrich* … und wieder Applaus, und Rahn und Ottmar, Fritz und wieder Schäfer, Morlock, Zakarias, und wieder Puschkasch, und wieder Eckel, und Freistoß, und wieder Gefahr, und wieder Kotschitsch, aber Turek, und die *deutsche Angriffsmaschine*, und wieder Lorant und … *sechs Minuten noch, keiner wankt, der Regen prasselt unaufhörlich hernieder, es ist schwer, aber die Zuschauer, sie harren aus, wann sieht*

man ein solches Endspiel, so ausgeglichen, so packend ... Ich
harrte aus, ich ertrug die Spannung nicht mehr, das Ergebnis war mir fast egal, Hauptsache, die Strapazen des Spiels
in ein paar Minuten vorbei ... *Schäfer, nach innen geflankt,
Kopfball, abgewehrt, aus dem Hintergrund müsste Rahn
schießen, Rahn schießt! Tor! Tor! Tor! Tor! Tor für Deutschland!*

Während die schreiende, elektrisierte Stimme fast das
Radio auseinanderriss, das versteckte Metall in dem Kasten
von den Torschreien vibrierte und der Stoffbezug vor dem
Lautsprecher zitterte, während das Gerät in allen Fugen
knisterte und der Reporter schwieg wie erschossen,
drangen aus dem Hintergrund Schreie, von Hände-
klatschen und Jubel unterstrichen, aus dem Berner Stadion
an mein Ohr, und ich riss, obwohl ich noch nichts begriff,
eher hilflos als triumphierend die Arme hoch und rief
leiser, als ich wollte: „Tor!", leise, weil ich meine Freude
noch nicht spürte, sondern nur den Reflex auf die Schreie
aus dem vibrierenden Kasten, ehe der Reporter wieder zur
Sprache fand: ... *drei zu zwei führt Deutschland, fünf
Minuten vor Spielende! Halten Sie mich für verrückt, halten
Sie mich für übergeschnappt!*

Ich hielt ihn nicht für verrückt, nicht für übergeschnappt,
ich war auf das Tor nicht gefasst, auf den Sieg nicht, ich rief
noch einmal „Tor!", nun etwas lauter, als müsste ich mit
meiner Stimme den Beweis liefern, dass wirklich ein Tor
für uns gefallen war. Niemand antwortete, weder die Mutter noch Geschwister oder Großeltern liefen herbei, und
doch durfte ich jetzt nicht zweifeln ... *und jetzt Daumen
halten, viereinhalb Minuten Daumen halten.* Die Kreuze an
der Wand schrumpften, die Gottesgespenster hielten still
wie geschlagen, die Engel, immer lauernd auf Gelegen-

heiten zu Lob und Jubel, drückten keine Daumen, standen ungerührt im Gold ihrer Bilder, verharrten gebannt in ihren himmlischen Gesten, provozierend still mit ihren Posaunen … *drei zu zwei, und die Ungarn wie von der Tarantel gestochen.* Ich drückte die Daumen und konnte nicht fassen, warum ich sie so drückte, die Ungarn waren dabei zu verlieren, sie drehten *den siebten oder zwölften Gang auf … kein Tor! Kein Tor! Kein Tor! Puschkasch abseits!* … die Macht wankte, sie war fast geschlagen, das Unterste war zuoberst, plötzlich ergab der Bibelsatz einen Sinn *Die Letzten werden die Ersten sein,* und es lag auch an meinem Daumen, an meinem Willen, ob dieser Traum anhielt, ob er wahr werden sollte … *noch vier Minuten … Hidegkuti … Turek am Boden* … es konnte nicht wahr sein, was ich hörte, die *ungekrönten Weltmeister* am Ende, beinah geschlagen mit einem Tor, es konnte nicht wahr sein, gegen die Favoriten Sieger zu bleiben, die seit viereinhalb Jahren nicht verloren hatten.

Noch drei Minuten … *und Daumen drücken, Daumen drücken … und Deutschland stürmt! … Der Sekundenzeiger, er wandert so langsam* … die Stimme wankte, ich starrte auf das grüne Auge, alle Engel und Moses hatten ausgespielt oder waren gefallen, die heiligen und schwarzen Schriften versunken, ohne Macht über mich, die Stimme schlug gegen den Stoff vor dem Lautsprecher, mein Herz schlug im Takt der Stimme … *jetzt spielen die Deutschen auf Zeit … die Ungarn sind völlig aus dem Häuschen, Deutschland ist wieder in Ballbesitz …* Ich war in einen Sturm der Atemlosigkeit geworfen, musste ruhig bleiben, ganz ruhig, auch wenn der Sekundenzeiger langsam wanderte, er wanderte, wir werden, wir können, wir sind, ich oder Liebrich, wir sind, ich und Liebrich, wir, ich, Liebrich, *die ganze deutsche Mannschaft setzt sich ein mit letzter*

*Kraft, letzter Konzentration … ich sah nichts mehr,
Spielfeld oder Spieler verschwommen im Taumel, im
Regen, ich sah nur den unsichtbaren Sekundenzeiger …
Tschibor, jetzt ein Schuss – gehalten, von Toni gehalten! Und
Puschkasch der Major, der großartige Fußballspieler aus
Budapest, er hämmert die Fäuste auf den Boden, als wollte
er sagen, ist denn das möglich, dieser Siebenmeterschuss! Es
ist wahr, unser Toni hat ihn gemeistert! Und die fünfund-
vierzigste Minute ist vollendet, es kann nur noch ein Nachspiel von einer Minute sein … ich hielt den Atem an, ich
wusste nicht, was Nachspiel bedeutete … es droht Gefahr!
… Aus! Aus! Aus! Aus! Aus! Das Spiel ist aus! Deutschland
ist Weltmeister, schlägt Ungarn mit drei zu zwei im Finale
in Bern!*

Ephraim Kishon
Warum ich ein Fußballfan bin

> *Ephraim Kishon* (1924–2005), israelischer Schriftsteller unga-
> rischer Herkunft. Sein Schwerpunkt lag in der humorvollen
> Darstellung des Alltags in Israel und seiner Familie.
> Er schrieb zumeist Kurzgeschichten und diese Liebes-
> erklärung: „Meine ganze Liebe gilt dem Fußballspiel.
> Ich liebe es so sehr, dass ich am liebsten die ganze Welt in
> ein großes Fußballfeld verwandeln möchte. Dann würde sich
> auch die Mühle der Gerechtigkeit etwas rascher drehen."

Jeder Mensch hat seine Schwäche. Die meine besteht darin,
dass ich ein Fußballfan bin und es nicht über mich bringe,
während der Übertragung eines Spiels den Fernsehapparat
abzustellen. Ich habe es schon mehrmals versucht. Aber
sobald meine Hand dem bewussten Knopf in die Nähe
kommt, beginnt sie zu zittern wie die Hand eines Morphi-
umsüchtigen kurz vor der Injektion. Ich kann nicht. Ich
muss zuschauen.

   Dabei ist es mir vollkommen gleichgültig, ob gerade
die Cup-Entscheidung zwischen Arsenic und Tottenhot
übertragen wird oder das Nachtragsspiel zwischen Mac-
cabi Eilat und Hakoah Ramat-Gan, den beiden Nachzüg-
lern der israelischen B-Liga. Hauptsache, dass auf dem
Bildschirm zwei Mannschaften hinter dem Ball herjagen.
Und ich beschränke mich nicht etwa auf passives Glot-
zen, ich bin kein teilnahmsloser Zuseher, o nein. Mit
anfänglich schriller und später heiserer Stimme feuere ich
die Spieler an, und wenn die berühmte Sturmspitze Avigdor („Tempotempo") Falafel einen dieser unhaltbaren
halbhohen Schüsse ins gegnerische Netz flitzen lässt,
springe ich auf und brülle ein übers andere Mal: „Tor!
Tor! Tor!"

Natürlich verblassen meine Emotionen gegen die Erschütterung, die unsern Avigdor („Tempotempo") Falafel in solchen Augenblicken überwältigt. Er sinkt auf die Knie, hebt die gefalteten Hände zu Gott dem Herrn empor, als wollte er sagen: „Wir haben's wieder einmal geschafft, wir zwei", und wenn die Kamera näher an ihn heranfährt, sieht man ganz deutlich, wie ihm Freudentränen über die Wangen rinnen.

Das Nächste, was man sieht, ist ein unentwirrbarer Knäuel von Mitspielern, die über ihn herfallen, ihn küssen und umarmen und zu Boden reißen und vor Begeisterung nicht ein noch aus wissen. Es sind erhabene Augenblicke. Aus dem Hintergrund glaubt man die weihevollen Klänge der Neunten Sinfonie von Beethoven zu hören. Der Gipfel irdischer Wonnen ist erreicht.

Der Schreiber dieser Zeilen darf in aller Bescheidenheit darauf hinweisen, dass er im Leben einiges geleistet hat. Er hat eine Reihe erfolgreicher Bücher, Filme und Theaterstücke verfasst, hat Preise und Auszeichnungen eingeheimst, hat dreimal geheiratet und ist im Besitz eines persönlichen Handschreibens von Golda Meir. Nichts von alledem hat ihm auch nur einen Bruchteil jener ekstatischen Beseligung vermittelt, von der Avigdor („Tempotempo") Falafel und seine Teamkameraden durchflutet werden, wenn einer der vorhin erwähnten halbhohen Bälle im Tor des Gegners landet. Es ist schon so: Das Leben hält keinen Vergleich mit dem Fußballsport aus.

Und zwar in jeder Hinsicht. Man denke nur an einige neuerdings populär gewordene Begriffe wie Recht, Gesetz und Ordnung. Sie werden im Fußballspiel geradezu vorbildlich gewahrt. Während auf den Rängen des Stadions die Anhänger der beiden Mannschaften in wütende Raufhändel verstrickt sind, an denen sich auch Ordner und Polizisten beteiligen, herrscht unten auf dem grünen Rasen strengste Disziplin, wird der geringste Verstoß gegen die festgesetzten Regeln vom Schiedsrichter augenblicklich geahndet. Nirgends sonst folgt dem Verbrechen die Strafe so dicht auf dem Fuß wie hier, und die Zuschauer achten leidenschaftlich darauf, dass das geschieht. Wenn ein Spieler einen anderen regelwidrig zu Fall bringt, springt alles auf und brüllt: „Hundesohn! Gangster! Hinaus mit ihm!", Bierflaschen und andere Haushaltgegenstände fliegen aufs Feld, die Empörung kennt keine Grenzen.

Aber dieselben Menschen, die da in Saft geraten, drehen sich nicht einmal um, wenn auf einer verkehrsreichen Straße ein Passant von einem anderen niedergeschlagen wird.

Oder es geht der nun schon mehrfach genannte Avigdor („Tempotempo") Falafel nach einem Zweikampf zu Boden und krümmt sich. Sofort stürzt ein Rudel von Ärzten, Masseuren, Trainern und Krankenwärtern aufs Feld. Sie beugen sich über den Verletzten, hegen ihn, pflegen ihn, massieren ihn, streicheln ihn, und selbst der Gegenspieler, der an allem schuld ist, klopft ihm zärtlich auf den Rücken und flüstert: „Ich liebe dich, Tempotempo!"

Aber wenn ein normaler Bürger in einem dunklen Haustor eins über den Schädel bekommt, ist niemand da, sich über ihn zu beugen und ihm zu helfen.

Wir sollten, meine ich, das Leben mehr dem Fußballsport angleichen. Was wären das doch für paradiesische Zustände, wenn unser Alltag nach Fußballregeln abliefe! Kaum begeht jemand einen Regelverstoß, eilt ein schwarz bedresster Referee herbei und stellt mit einem scharfen Pfiff die Ordnung wieder her. Um ein Beispiel zu nehmen: Du hast dich in die Schlange vor einer Kinokasse eingereiht, kommst in langsamen Rucken immer näher an das ersehnte Ziel und verspürst plötzlich einen stechenden Schmerz zwischen den Rippen. Ein Rowdy will dich von deinem Platz verdrängen. „Verschwind, sonst gibt's was!", stößt er zwischen den Zähnen hervor. Du erstarrst vor Schreck. Aber da ist schon der Schiedsrichter vom Dienst zur Stelle und hält ihm die Gelbe Karte unter die Nase:

„Noch so ein Foul, und Sie werden ausgeschlossen!"

Unter solchen Umständen wäre das Leben wieder lebenswert, Ruhe und Ordnung wären gesichert, Anstand und Moral kämen zu ihrem Recht.

Ich bin ein Fußballfan.

Hans Scheibner

Der Fußballfan

Hans Scheibner, Lästerlyriker und Liedermacher, Texter von
„Schmidtchen Schleicher" und bundesweit bekannt
durch seine Sendung „scheibnerweise", nimmt sich den Fan
zur Brust, der aus der Tiefe des Raumes kommt und
alles besser kann – allerdings nur verbal und weit weg vom
Geschehen, auf der Tribüne.

Hätte Beckenbauer Götze mehr zurückgehangen
und die Außen wären gleich nach vorn gegangen,
von den Flügeln her die Pässe abzufangen,
hätt' der gegnerische Libero
nie das Mittelfeld von hinten überwunden
und im ganzen Spiel kein' freien Raum gefunden –

aber so!?

Wär die Hintermannschaft aus der Defensive
mehr nach vorn gestoßen aus des Raumes Tiefe,
hätt' man sehen können, dass das Zuspiel liefe
und die Flanken kämen hoch herein.
Weil der Ball – was soll das Hin- und Hergeschiebe! –
dann zumindest in den eignen Reihen bliebe!

Aber nein!

Und der Angriff, statt sich innen festzubeißen,
muss den Doppelstopper mit nach vorne schmeißen,
um den gegnerischen Riegel aufzureißen,
und den Torwart hat kein Mensch gedeckt!
Dabei gab er hinten sich die größte Blöße.
Dadurch kamen dann ja auch die Konterstöße.

Indirekt!

Dem Halblinken hätt' ich erstmal alle Knochen
und das Schlüsselbein noch obendrein gebrochen,
und dann hätten wir in Ruhe mal besprochen,
ob das wirklich ein Elfmeter war.
Solchen Leuten soll man in die Fresse schreiben:
Sport ist Sport und Sportler sollen sportlich bleiben!

Aber ja!

Aber so ist unsre Mannschaft nicht imstande,
die Verpflichtung, die sie schließlich diesem Lande
schuldet, zu erfüllen. Es ist eine Schande!
Schön blamiert steht unser Fußball da!
Und am meisten sollen sich die Leute schämen,
überhaupt den Sport so tierisch ernst zu nehmen!!!

Hipp, hipp, hurra!!

Dieter Hildebrandt

Trainer Hopp-Hopp

> *Dieter Hildebrandt* (1927–2013), Kabarettist, Mitbegründer
> der legendären Münchner Lach- und Schießgesellschaft,
> Buchautor und Hobbyfußballer aus Leidenschaft, fragt sich,
> was eigentlich mit einem chronisch erfolglosen Trainer
> geschieht. Ein Schicksal droht, das heute auch chronisch
> erfolgreiche Trainer ereilt.

Heute weiß niemand mehr in der deutschen Fußballwelt,
wie Hopp-Hopp eigentlich wirklich heißt. Es interessiert
sich auch kein Mensch mehr dafür. Wie überhaupt Hopp-
Hopp aus dem Geschäft ist. Ein Regionalliga-Verein, der
seit elf Jahren gegen den Abstieg kämpft und in allen Spiel-
perioden verbissen den drittletzten Platz in der Tabelle
gehalten hat, versuchte es noch einmal mit ihm. Hopp-
Hopp erreicht auf Anhieb, was keinem vorher gelungen
war: In diesem Jahr stieg der Verein endgültig ab.
Hopp-Hopp hatte schon oft seine Koffer packen müssen.
Seine Erfolge waren in der Regel niederschmetternd.
Innerhalb von zwei kurzen Jahren schaffte er es, eine intak-
te, junge Bundesligamannschaft mit einem Spielerpotenzial
von mindestens acht Fünfzigtausendmarkkickern in die
Regionalliga hinunterzutrainieren.

Hopp-Hopp wird immer verstanden!

Auf den ersten Blick hin sah es nicht so aus, als ob Hopp-
Hopp nichts verstünde von seinem Job. Fußballspielen
jedenfalls konnte er immer noch recht gut.

Auf den zweiten Blick hin aber stellte man doch fest,
dass, sobald er gezwungen war, mit seinen Spielern Auge in
Auge zu sprechen, seine Sprechweise sich merkwürdig ver-
änderte. Ein nervöses Stakkato schlich sich ein und steigerte sich zum zornigen Bellen. Gewöhnlich ohne Grund

begann er zu schimpfen, richtete den Blick auf die Eifrigen, wenn er von den Faulen sprach, schnauzte die Antialkoholiker an, wenn er die Säufer meinte. Schon nach ein paar Sätzen verhedderte er sich, begann zu schwitzen und brach viele Sätze genau dort ab, wo das Tätigkeitswort einen Sinn hätte ergeben können. Jedes Mal nach einer solchen Ansprache standen sich Spieler und Trainer verlegen gegenüber, wussten nicht mehr, was sie noch sagen wollten, bohrten mit den Stollen im Rasen herum und warteten auf die erlösenden Sätze des Trainers, die immer lauteten: „Also dann, Jungens … dann ist das wohl … und das will ich sehen jetzt … Hopphopp!!!"

Hopp-Hopp war selbst erleichtert, wenn er den Verein und die Stadt wieder verlassen konnte. Er wusste genau, dass er nicht unbeteiligt war an der Krise, die er regelmäßig hinterließ.

Zweimal nur durfte er bis zum vertraglich vereinbarten Termin bleiben. In allen anderen Fällen wurde er hastig ausbezahlt und nach Hause geschickt.

Dieses Zuhause allerdings, der Ort, in dem seine Frau mit seinem 13-jährigen Sohn jeweils lebte, hat Hopp-Hopp selten gesehen. Meistens mietete er sich in irgendeiner Stadt in einer kleinen, billigen Pension ein und führte von dort aus Verhandlungen mit trainerlosen Klubs. Sieben Mal schon hatte er beschlossen, seine Familie nachkommen zu lassen, aber jedes Mal, wenn er sich eine Wohnung besorgt hatte, musste er den Verein und die Stadt wechseln.

Ein Leben für den Fußball

Hopp-Hopp war keinesfalls verbittert. Er hatte keine Sehnsucht nach Frau und Kind. Denn auch dort erzeugte er regelmäßig Ratlosigkeit, das wusste er. Herbert, sein Sohn, hatte zum Fußball nicht die geringste Beziehung. Was also sollte er mit ihm reden? Seine Frau hatte wahrscheinlich seit Jahren einen Freund. Wie man ihm zuflüsterte, soll es sich dabei um einen verwitweten Volksschullehrer handeln. Warum auch nicht? Auch Hopp-Hopp war kein Engel. Es gab da Frauen in mehreren Orten, zu denen er immer wieder gehen konnte. Nein, ein Frauenheld war er nicht, aber ein unkomplizierter, kräftiger und stets abrufbarer Gelegenheitsliebhaber. Es gab da leider auch ein paar Kinder, deren Erziehung er seit Jahren bezahlen musste. Dadurch schmolz sein Monatsgehalt regelmäßig am Monatsanfang innerhalb von zehn Minuten, der Zeit, die er für das Ausfüllen der Überweisungen brauchte, um mehr als die Hälfte zusammen.

Wie es weitergehen würde, wenn Hopp-Hopp endgültig aus der Lizenzspielerklasse ausscheiden musste, schien unklar. Im August hatte er es das erste Mal seit fünf Jahren geschafft, einen Verein bis zum Saisonende zu trainieren. Danach allerdings gab ihm die Vereinsleitung zu verstehen, dass man auf seine Dienste verzichten müsste.

Trainer – ein Traumberuf!

Hopp-Hopp blieb in der Stadt, wartete in seinem Zimmer, 20 Quadratmeter – mit Blick auf den Hinterhof einer Fleischerei –, Telefon im Wohnzimmer der Vermieterin, auf Anrufe aus der Schweiz. Dort nämlich gedachte er die letzten Jahre seiner Trainerkarriere zu verbringen. Er träumte davon, mit Spielern zu arbeiten, deren Leben noch nicht völlig von Siegen oder Niederlagen abhing, die nach dem Spiel sich auch mal betranken, die in den Kabinen Lieder grölten, die in diesem Erfolgsmechanismus noch nicht die Nummern geworden waren, die sie auf dem Spielfeld trugen. Er sehnte sich in die Provinz. Denn eines hatte er begriffen: Er war zu alt für die Knochenarbeit des Viehtreibers. Er war zu müde, um immer wieder sein „Hopp-Hopp!!" über den Platz zu schreien. Er konnte auch nicht mehr die schwachsinnigen Spielberichte von inkompetenten Journalisten lesen. Er hasste die Einmischung von Hoch- und Tiefbaukönigen, von Tuchfabrikanten und Wurst-Giganten. Er konnte die Frauen von Spielern nur noch mit Mühe ertragen, wenn sie sich nach den Prämien ihrer Männer erkundigten oder beiläufig erwähnten, dass das fußballerische Können der anderen Spieler eben nicht ausreiche für das Aufsteigen in höhere Spielklassen. Er hasste auch schon seine Spieler in der Art, wie sie sich verkauften. Verkauften in jeder Beziehung. Und zwar gegenseitig. Drei Spieler in seinem letzten Klub bestimmten, wie gespielt wurde, wer möglichst wenig an den Ball kommen sollte. Wer schlecht auszusehen habe. Da half kein Zureden des Trainers, keine taktische Vorbesprechung. Selbst die Aufstellung der Mannschaft ergab sich aus Unterhaltungen, die diese drei mit irgendwelchen Herren der Vorstandschaft geführt hatten. Das Veto des Trainers wurde grinsend zur Kenntnis genommen.

Elf Freunde müsst ihr sein

Die Art und Weise, wie Spieler ihre Stammplätze in der Mannschaft miteinander aushandelten, hatte Hopp-Hopp besonders entsetzt. Da war ein junges Talent aus der A-Jugend des Vereins, das er dem Spielausschuss ans Herz gelegt hatte. Der Junge war einfach nicht zu übersehen! Die Mafia aber, so nannten sich die drei „Asse" selbstgefällig, war nicht bereit, einen ihrer Gefolgsleute aus der Reihe der „Wasserträger" zu opfern. Hopp-Hopp setzte daraufhin ein Trainingsspiel an, um den Herrn Spielausschussvorsitzenden zu überzeugen. Bedauerlicherweise wurde der Junge schon in der 10. Minute schwer verletzt.

Hopp-Hopp ist heute noch der Meinung, dass es sich dabei um ein vorsätzliches Foul gehandelt hat. Die „Mafia" hatte zugeschlagen. Mit gestrecktem Bein.

Ein guter Abgang!

Wie die Geschichte mit Hopp-Hopp ausging?

Nun, man kann sagen, gut.

Es kam kein Anruf aus der Schweiz. Es kam kein Angebot von irgendeinem deutschen Verein.

Hopp-Hopp bedient heute den Fahrstuhl in einer großen Sportartikelfirma. Selbstverständlich besucht er hin und wieder Fußballspiele. Aber er bleibt gelassen dabei. Denn er glaubt die Ergebnisse nicht mehr. Nein, er glaubt nicht an Schiebung. Er weiß um die Gesetzmäßigkeiten. Der Zufall hat keine Chance mehr. Der Fußballsport hat das Ziel seiner Wünsche erreicht: die absolute Perfektion.

Hanns Dieter Hüsch

Tore sollen größer werden

Hanns Dieter Hüsch (1925–2005), Autor, Liedermacher und
Rundfunkmoderator, war mehr als 53 Jahre auf deutschen
Kabarettbühnen unterwegs. Der Schnellsprecher vom Nieder-
rhein hat auch über Fußball nachgedacht.

Also es gibt ja Dinge die gibt es nicht
Und doch sind die heftig im Gespräch
Da stell ich immer fest
Wie naiv man im Grunde genommen doch ist
Und der Grund jetzt war dass ich neulich gelesen hab
Dass man eventuell oder sogar ganz bestimmt
Die Fußballtore vergrößern will
Das will ich nicht sondern der internationale Fußballver-
band
Fifa Fifa
Den sollte man Balla Balla nennen
Fußballtore vergrößern das ist ja also
Wo gibt es denn sowas
Und der Belladonna der Argentinier oder wie der heißt
Also der oselige Fußballgott Mariadonna
Der will auch schon zum Streik aufrufen
Ich mein wozu das Ganze
Damit der Ball besser in das Tor reingeht
Noch schneller und besser
Ich weiß es nicht wat da wieder los ist
Es geht ja sicher wieder nur ums Geld
Tore größer
Dann muss der Torwart auch länger sein
Sonst kommt der ja beim besten Willen nicht in die Ecken
rein
Heißt es doch immer: Bodo Ilgner fischte das Leder

Mit letzter Kraft aus der linken oberen Ecke des Netzes
Aber wenn es wirklich darum geht dass mehr Tore fallen
sollen
Also für die Zuschauer wegen dem Geld und der Ein-
schaltquote
Dann würd ich vorschlagen dann muss auch das Spielfeld
Kleiner gemacht werden
Nur so 50 Meter von Tor zu Tor
Dann brauchen die auch nicht mehr so viel zu laufen
Die Deutschen spielen ja sowieso alles viel lieber
Aus dem Stand
Das sind ja Stand-up-Millionäre
Faule Hunde sind das
Und dann wenn das Spielfeld kleiner und die Tore größer
Kann man auch Spieler entlassen
Sparen
Am besten wäre doch Fußball ohne Torwart und dann
noch
Mit zwei Bällen
Das gäb ein Schützenfest da könnt ich auch mitspielen
Mein Vater war ja schon ganz früher Verteidiger bei Hom-
berg 03
Und der hat immer gesagt: Ein Spiel ist erst aus wenn es
aus ist
Mein Vater war ein richtiger Fußballphilosoph
Wenn er noch leben würde dann gäb es nur noch stunden-
langes
Elfmeterschießen bis zum Abwinken und Umfallen
Und wenn dann die Tore größer wären und es gäb keinen
Torwart mehr
Wer dann drüber oder daneben schießt
Ist der Held des Tages
Ich weiß noch in meiner Kindheit da waren die Torpfosten
aus

Hartem Holz
Und das Netz das war aus ganz dickem Draht
Das weiß ich von meinem Großvater Ditz
Der war beim Grafschafter Spielverein in Moers Torwart
Aber in Wirklichkeit war er Lokomotivführer bei der
Kreisbahn
Aber immerhin und alles umsonst aus Spaß an de Freud
Heut wird doch bald alles wegrationalisiert und die Millio-
nen
Kriegt der Manager oder Steffi Graf oder Schumi
Und wir bezahlen deren Steuern
Ich weiß es nicht ich weiß nur da stimmt doch was nicht
oder?

Eckhard Henscheid

Bundesverdienstkreuz

> *Eckhard Henscheid*, Journalist und Schriftsteller, publizierte
> unter anderem in den Satire-Zeitschriften „pardon" und
> „Titanic". Verfasser einer Romantrilogie „des laufenden
> Schwachsinns". Seine Beobachtungen zur Verleihung des
> „Bundesverdienstkreuzes" dokumentieren die Nähe
> von Sport und Politik. Vor allem die Politiker suchen diese.
> Henscheid weiß, warum.

Ministerpräsident im Frack, ziemlich kohl- oder strauß-
mäßig. Im Smoking Klaus, er hat soeben das Bundesverdienstkreuz gekriegt. Jetzt im privaten Plausch, beide Sekt-
kelche in der Hand, im Kreis flanierend. Klaus hat das
Kreuz angesteckt.

Ministerpräsident Dann weiterhin Glückauf, Klaus, und –
obwohl Sie ja jetzt das Verdienstkreuz schon haben *lacht* –
Sie hören ja noch nicht auf mit 31, oder?

Klaus Nein – ja, und nochmals vielen Dank *deutet aufs Verdienstkreuz* – auch im Namen der ganzen Mannschaft.

Ministerpräsident *plump-jovial* Und meinen privaten Glückwunsch quasi auch noch hinterher, mein lieber Klaus. Ich
weiß gar nicht, ob Sie wissen, dass ich in meiner Jugend
auch mal Fußball gespielt habe, im Verein, also das heißt
zuerst beim VfB Metzingen, dann später bei den Stuttgar-
ter Kickers. Mittelläufer hat man damals noch gesagt, heute
der Libero, *lacht* ja, ich war schon damals Stopper und
freier Mann zugleich, das heißt verantwortlich natürlich
für die gesamte Abwehr, hähä, ich war damals schon
immer *kordial* für die doppelte Nulllösung, hähä, zumindest *schwimmt* für die einfache auf unserer Seite, also der

richtigen Seite – also praktisch wie heute, wo ich ja auch als Ministerpräsident Mittelläufer und Mittelstürmer zugleich bin. *Leicht betrunken oder kohlisch* Im Endspiel 49 gegen Ludwigshafen, da waren wir dann aber vom Pech nicht begünstigt – da haben wir *lacht* eine deutliche Niederlage errungen. Das war damals das Jugendendspiel um die süddeutsche Jugendmeisterschaft, ich war auch gleichzeitig Wasserballer. Also, die Vorstellung, dass ich mal später als Politiker einem Nationalspieler das Bundesverdienstkreuz anhefte – die wäre für mich damals als Bub fantastisch gewesen. Also dafür *scheppert los* lohnt es sich ja schon, Ministerpräsident zu sein, ha! Alsdann, lieber Klaus Ohlhauser, nochmals alles Gute und Glückauf und Prosit! *Trinkt!*

Klaus *nippt* Ja, wie gesagt, nochmals vielen Dank – und auch im Namen der gesamten Mannschaft!

Ministerpräsident *abwesend* Ja, kann ich brauchen!

Doch was vermag die jambische Strecke eines
Schiller'schen Monologs gegen den Flankenlauf
Garrinchas oder Libudas? Was besagt ein
Shakespeare'scher Theatertod gegen das ent-
scheidende Kopfballtor in der 92. Minute?
Die zeitgenössischen Dramen voll Schicksal und
Dramatik finden nicht mehr auf den über-
holten Bühnen der Stadttheater statt, sondern
in Fußballstadien.

Helmut Böttiger

1:2

Giovanni Trapattoni
Ich habe fertig!

> *Giovanni Trapattoni*, seinerzeit Trainer bei Bayern München, hat in seine berühmte Rede vom 10. März 1998 nicht nur tragische Elemente und große Emotionen eingebaut, sondern auch die deutsche Sprache um nie geahnte Möglichkeiten bereichert.

Es gibt Momente in diese Mannschaft, oh, einige Spieler vergessen ihnen Profi, was sie sind. Ich lese nicht sehr viel Zeitungen, aber ich habe gehört viele Situationen. (…) Ich habe geseh auch zwei Tage de Training. Ein Trainer is nich ein Idiot. Ein Trainer saih, eh seh, was passieren in Platz. In diese Spiel, es waren zwei, drei, diese Spieler waren schwach wie eine Flasche leer! (…) Ich bin müde jetzt der Vater dieser Spieler – eh, verteidige diese Spieler! Ich habe immer die Schulde über diese Spieler! Einer is Mario, einer andere is Mehmet! Strunz dagegen, egal, hat nur gespielt 25 Prozent diese Spiel. Ich habe fertig!

Ror Wolf

Der letzte Biß

> *Ror Wolf* komponiert in seinem Fußball-Klassiker
> „Das nächste Spiel ist immer das schwerste" aus Versatz-
> stücken der Fußballreporter-Sprache einen pseudo-
> pornografischen Text.

[…] Aber plötzlich machte sich Emma frei auf diesem
schlüpfrigen Boden, das war eine gute Gelegenheit, also
fackelte Friedrich nicht lange und schob ihn gemächlich
hinein. Emma bot sich noch einmal an, da war Paul nicht
mehr zu halten, Emma wurde gelegt, und Paul bohrte
unermüdlich. Jetzt kam auch der Dicke durch, vorn
war alles offen, Lutz war eingedrungen, er hatte endlich
das Loch gefunden, denn Hertha zeigte auf einmal er-
schreckende Blößen, Emma wälzte sich auf der Linie im
Schlamm, doch in diesem Moment befreite sich Hertha aus
der Umklammerung, Lotte schüttelte Friedrich ab, Emma
zog sich zurück, aber der Dicke stieß nach in die Tiefe, die
unerhört schnellen Mönche hetzten die blau-weiße Hertha
über den Rasen, bis ihre Abwehr erschlaffte […]

Einer packt aus!

Monolog eines ehemaligen DDR-Fußballtrainers

Nehmen wir das Sparwasser-Tor. Sparwasser hat viele Tore gemacht, aber nur eines wurde das Sparwasser-Tor. Vierundsiebzig bei der WM hat er gegen den Westen das Einsnull für die DDR gemacht. War eine Riesen-Sensation. Hat ja damals keiner mit gerechnet, dass die DDR den Westen schlägt. Zuallerletzt die DDR selber. Heinz-Florian Oertel hat nicht mal von der BRD-Nationalmannschaft sprechen dürfen, sondern nur von der DFB-Auswahl. Damit die DDR nicht gegen die BRD verliert, sondern gegen den DFB. Nach dem Spiel traute sich Oertel zu sagen, dass die DDR die BRD besiegt hat. Erst der Sieg der DDR hat den DFB zur BRD gemacht! Aber das nur am Rande.

Ja, der Fußball ist rund wie die Welt

Offizieller Song des DDR-Fußballs zur Fußballweltmeisterschaft 1974. Damals besiegte die DDR-Auswahl die bundes-
deutsche Nationalmannschaft bekanntlich in der Vorrunde
durch ein Tor von Jürgen Sparwasser sensationell mit 1:0. Der
Text vermischt Sport mit Politik und fordert indirekt dazu
auf, sich mit den Gegebenheiten in der DDR zu arrangieren.

Heute wird was los sein
Heute müsst ihr groß sein
Heute, wenn das Spiel beginnt
Seht, wie sie sich drängen – Oben auf den Rängen
Es ist wahr, wer wagt, gewinnt
Jagt das runde Leder – Tore sehn will jeder
Keiner soll im Abseits stehn
Bringt das Spiel ins Rollen
Wie es alle wollen
Lasst euch keinen Ball entgehn
Heute wolln wir sehen – Wie die Chancen stehen
Alle fiebern mit zu Haus
Lasst den Fußball leben – Tore soll es geben
Lasst nicht einen Ball ins Aus
Unser Herz wird mit euch sein
Nein, ihr spielt nicht allein

Ja, der Fußball ist rund wie die Welt – Überall rollt der Ball

Und wenn einer zum anderen hält
Trifft der Ball, klarer Fall

Und wenn einer zum anderen hält
Trifft der Ball, klarer Fall

Robert Gernhardt

Von Spiel zu Spiel

Robert Gernhardt (1937–2006), Mitbegründer der Neuen
Frankfurter Schule, deren Publikationsorgan nach der Zeit-
schrift „pardon" das Satiremagazin „Titanic" wurde. Gilt als
einer der originellsten zeitgenössischen Dichter deutscher
Sprache.

„Der Mensch ist da Mensch, wo er spielt" –
das trifft's, Herr Schiller. Gut gezielt!

Vom Vorspiel einmal abgesehn –
ein Spiel wird erst durch Regeln schön.

Die – nur ein Beispiel – untersagen,
sich mit, statt auf dem Brett zu schlagen.

Und die beim Fußball darauf zielen,
den Ball nur mit dem Fuß zu spielen.

Denn Hand- wie Foulspiel öffnen Türen,
die statt ins End- zum Nachspiel führen.

Doch stets gilt, daß der Weg das Ziel ist,
weil nach dem Spiel schon vor dem Spiel ist.

Moritz Rinke

Die Liebe ist rund

> *Moritz Rinke*, Dramatiker und Romanautor, spielt(e) nicht
> nur in der Fußball-Autoren-Nationalmannschaft – ja, so
> etwas gibt es! – als gefürchteter Torjäger, sondern auch litera-
> risch mit dem Ball. Während der WM in Südafrika 2010
> postete er fiktive Liebesbriefe.

*In Wien bei der EM, auf der Tribüne des Ernst-Happel-Sta-
dions, haben sie sich kennengelernt, wenige Tage später
schrieb die Bundeskanzlerin ihren ersten Brief an den blonden Mittelfeldspieler. Nun, zwei Jahre später, zur WM 2010,
knüpft die Kanzlerin an die damalige Begegnung an und
schreibt durch alle Koalitionskrisen, Finanzkrisen, globale
Krisen und Krisen mit dem Bundespräsidenten hindurch zu
jedem WM-Spiel der Deutschen einen Brief an Bastian
Schweinsteiger nach Südafrika. Der erste der amourösen
WM-Briefe ist vom 13. Juni, dem Tag des ersten Spiels der
deutschen Mannschaft in der Gruppe D gegen Australien.
Die Deutschen müssen auf Ballack, den verletzten Kapitän,
verzichten.*

2. Brief

Lieber Basti,

erinnerst Du Dich noch an meinen ersten Brief? Ich saß
nach einem langen Tag am Abend auf meiner Couch und
sah Dich im Fernsehen, bei der EM! Du trugst sehr blondes
Haar, und ich war Gott sei Dank ohne meinen Mann auf
der Couch. Mir kam sofort unsere Begegnung in Wien in
den Sinn, als wir nebeneinander auf der Tribüne saßen, ich
hatte den Dr. Theo Zwanziger extra neben diesen Hansi
Flick sitzen lassen, damit DU neben mir sitzt, ich bin nun
mal die Bundeskanzlerin und entscheide, was richtig ist. Du

warst mir schon beim Spiel gegen Kroatien aufgefallen, und ich fand es männlich und solide, wie Du den einen Kroaten auf das Allerhärteste umgehauen hast, weil sein vorangegangenes Foul in dieser Form nicht zu akzeptieren war. Und die anschließende Rote Karte hat Dich dann zu mir auf die Tribüne geführt, das war Schicksal.

Ich schreibe Dir heute, weil ich zum ersten Spiel gegen Australien alles Gute wünschen will. Wie war denn der Flug nach Südafrika? Ich habe Dich in einer Zeitung neben dieser blonden Sängerin, dieser Shakira, im Flugzeug gesehen, in der ersten Klasse. Ich dachte, ihr seid nur Business geflogen, diese Sängerin flog aber erste Klasse, bist Du da nachts einfach rübergegangen? Bist Du noch mit Sarah zusammen, die ist doch auch blond?

Joachim, mein Mann, sitzt gerade wieder in seinem Zimmer und forscht, ich führe eine Ehe, die ist noch bescheuerter als die Koalition mit der FDP. Heute hatte ich wieder den ganzen Tag Opel und Sparpaket, ich weiß nicht, Basti, ob Du in Südafrika mitkriegst, was hier los ist in Deutschland! Da gehen wir den Arbeitslosen und Familien so richtig an den Geldbeutel, wie man das eben so macht als CDU und FDP, und dann steht plötzlich mein eigener Wirtschaftsrat auf und sagt: „Die Reichen wollen auch einen Beitrag leisten!" Hat der sie noch alle?? Basti, frag mal unter Deinen Kollegen nach, ihr seid doch alle Millionäre, ob da einer von euch FREIWILLIG mehr Steuern zahlen will! Das würde mich interessieren!

Legst Du Dein Geld gut an? Das ist ja gar nicht mehr so einfach. Ich setze immer mit Zertifikaten auf einen fallenden Euro, klappt ganz gut. Kauf bloß keine Staatsanleihen, Basti, auch nicht bei uns, vielleicht sind das bald Schrottpapiere!

Kommen wir zum Spiel. Habt ihr eine gute Taktik für heute? Nach allem, was ich höre, hast Du Dich gut entwickelt. Es fiel sogar das Wort „Emotional Leader", so werde ich auch genannt. Wir beide, Basti!

Bist Du froh, dass der Ballack endlich weg ist? Bei euch helfen oft die Verletzungen der anderen, um in die richtige Position zu kommen, ich muss in der Politik immer alle selbst vom Feld räumen. Kann ich ja ganz gut.

Hast Du in Südafrika mitbekommen, wie ich den neuen Bundespräsidenten ausgesucht habe? (Der alte ist plötzlich einfach weg!) Erst habe ich die Ursula von der Leyen glauben lassen, sie wird's, weil die auch glaubt, die könne alles erreichen, nur weil sie sieben Kinder hat, nee, Wulff wird's! Da hat die Ursula vielleicht aus der Wäsche geguckt, muss die vielleicht noch 'n achtes Kind machen, lach, nee, Wulff wird's, der aus Hannover, der immer als kommender CDU-Kanzler gehandelt wurde, dieses angezogene Stück Seife. Ab ins Bellevue und tschüss! ☺

Noch mal zum Spiel: Schieß ein Tor! Schieß es bitte für mich, für Deutschland. Das ist nicht einfach nur ein Spiel, es geht hier momentan auch ums Emotionale bei uns in Deutschland. Da musst Du fit sein, darum geht es nicht, dass Du nachts durch Flugzeuge steigst, um mit dieser blonden Khedira … – was weiß denn ich? Ihr habt auf dem Foto zerzaust ausgesehen!

Ich drück die Daumen für heute Abend, vielleicht schicke ich Dir in der Halbzeit eine SMS!

Deine Angie

Die deutsche Mannschaft startete mit einem glänzenden 4:0 gegen Australien. Klose, der sich vor dem WM-Auftakt wiederum in einer traurigen Krise befunden hatte, erzielte das zweite Tor mit dem Kopf. Ferner trafen Podolski (der Halbpole!), Cacau (Halbbrasilianer!) und der neue Stern am deutschen Fußballhimmel: Müller, Thomas.

3. Brief

18. Juni. Am Tag des Spiels gegen Serbien in Port Elizabeth. Schweinsteiger soll wieder mit Khedira die zentrale Doppel-Sechs bilden und den serbischen Spielaufbau unterbinden, Merkel will Gauck als Bundespräsidenten verhindern und erwartet Horst Seehofer in ihrem Büro.

Lieber Basti!

Glückwunsch zum Sieg gegen Australien (4:0 für uns!), das war sehr ansehnlich vorgetragen, und nun bin ich davon überzeugt, dass wir auch heute die Serben dorthin zurückschicken werden, wo sie hingehören, nämlich auf den Balkan.

Im Spiel gegen „Aussschtralien" (Löw sagt immer „Aussschtralien", wie süß), da warst Du der Beste! Wieder war deutlich zu sehen, wie ähnlich wir uns sind im Führungsstil. Du spielst wie eine Kanzlerin! Man kann ja so ein Fußballfeld aufteilen in ein Innen- und Außenministerium und in ein Verteidigungsministerium, vielleicht noch in ein Ministerium für Umweltschutz und ReakTORsicherheit, aber Du bist eindeutig das KANZLERAMT, bei Dir laufen alle Fäden zusammen. Darum hat es mich auch gestört, dass danach so viel von diesem Müller gesprochen wurde. Diese ZDF-Moderatorin redete die ganze Zeit vom „frischen Müller". (Tja, man soll einfach keine Frauen Fußball kommentieren lassen!)

Ich finde, Du warst der Frischeste!! Wenn Dich dieses Müllergerede nervt, mach's so wie ich mit Karl-Theodor zu Guttenberg, den finden ja auch alle so toll und frisch, und da habe ich einfach mal von Pofalla, meinem Minister für besondere Aufgaben, heimlich ein Gutachten anfertigen lassen. Willst Du, dass Pofalla mal ein Gutachten über den „frischen Müller" anfertigt? Und dann schicken wir das an die „Bildzeitung", wirst sehen, danach wird der Müller sich aber nicht mehr so frisch aus dem Fenster lehnen! Sag einfach Bescheid und der Pofalla macht das.

Hast Du noch Schnupfen? In der Zeitung stand gestern, dass Du Schnupfen hast. Ich hoffe, das war eine Falschmeldung, wie so oft.

Basti, wie kommst Du denn mit den Tröten, diesen Vuvuzelas zurecht? Vor ein paar Tagen, als hier bei uns zu Hause der alte Bundespräsident mit einem Großen Zapfenstreich verabschiedet wurde, habe ich mir vorgestellt: Die Bundeswehrkapelle nimmt jetzt einfach diese Vuvuzelas und trötet! Und zwar so lange, bis Wulff im Bellevue sitzt! Dann muss ich mir nicht mehr das ganze Gerede bis Ende Juni anhören, hier schreiben die Zeitungen ständig von Neuwahlen und Gauck, GAUCK. YES, WE GAUCK, der nervt mich schon wie Dich dieser MÜLLER!

Ich würde jetzt am liebsten bis zur Sommerpause mit den VUVUZELAS durchtröten lassen! Herr Gabriel von der SPD würde mir völlig zugetrötet bestimmt wieder eine SMS schicken:

„Sehr geehrte Frau Bundeskanzlerin. Ich habe Verständnis für die Vorbereitung einer Kandidatur für das Amt des Bundespräsidenten, aber stellen Sie im Namen des Volkes diese TRÖTEN ab, wir Sozialdemokraten und auch Bündnis 90/Die Grünen werden daran zugrunde gehen! Bitte, bitte, geben Sie Vuvu-Stops! Vuvu-Ohrenstöpsel, Frau Bundeskanzlerin, bitte, bitte!"

Und ich antwortete: „Danke für die Info", ganz knapp, mach ich immer so, und dann lass ich weitertröten, die sollen alle Trötinus bekommen!, ich geb doch keine Vuvu-Ohrenstöpsel!

Wie findest Du eigentlich Westerwelle? Wenn Du, Basti, die Wahl hättest zwischen Westerwelle als Koalitionspartner und einer Vuvuzela direkt am Ohr, was würdest Du nehmen? Ich würde jetzt immer die Vuvuzela direkt am

Ohr wählen, da muss ich gar nicht lange überlegen. Immer noch besser als diese Nervwelle!

So, Basti, Du must gleich gegen die Serben ran, und zu mir ins Büro kommt wieder Seehofer, die FDP hat den „Wildsau" genannt, weil er die FDP als „Gurkentruppe" bezeichnet hat, ich finde beides stimmt: Gurkentruppe und Wildsau! Du, Basti, wenn ich die Wahl hätte zwischen Serben und Seehofer, ich würde immer die Serben nehmen!

Ich wünsche Dir ein gutes, erfolgreiches Spiel heute, spiele wieder wie die Kanzlerin, dann tippe ich auf ein glattes 2:0. Und wenn's Elfmeter gibt, schießt Du. Und wenn Du schießt, vergiss bitte nicht, dass ich in Gedanken bei Dir bin, obwohl eine Wildsau neben mir sitzt.

Irgendwann, Basti, wird man uns beide vergleichen, so wie man Willy Brandt mit Günter Netzer verglichen hat. Merkel und Schweinsteiger! Die Liebe ist rund. Die Liebe ist rund und hat vier Augen und zweimal Nasen und Mund, heißt es in einem alten Lied.

So, mein Basti, ich schreibe Dir wieder, wenn Du gegen Ghana spielst. Meine Briefe kommen zu Dir in den südafrikanischen Winter wie ein schöner Adventskalender – bis wir beide Weltmeister sind!

Deine Angie

Die deutsche Mannschaft unterlag Serbien mit 0:1. Klose sah bereits in der 37. Minute Gelb/Rot, Podolski verschoss einen Handelfmeter in der 60. Minute, Jogi Löw schmetterte eine Wasserflasche auf den Rasen.

4. Brief

*23. Juni. Am Tag des Spiels gegen Ghana. Schweinsteiger
bereitet sich in Johannesburg auf das entscheidende letzte
Gruppenspiel vor, Merkel in Berlin auf die Bundesversammlung.*

Lieber Basti,

hatte ich nicht im letzten Brief geschrieben, dass Du den
Elfmeter gegen Serbien schießen sollst?! Ich verfolgte das
Spiel bei mir im Kanzlerbüro und dachte, ich seh' nicht
richtig: Podolski?? Sofort griff ich zum ROTEN TELEFON,
aber zu spät! Verschossen! Verloren! Hab' ich eine Wut
gehabt, fast hätte ich das Telefon auf den Boden geschmet-
tert! Du hättest Dir den Ball von diesem Podolski nicht
wegnehmen lassen dürfen, Du solltest schießen! Hat er Dir
den Ball aus der Hand geklaut? Der ist doch Halbpole,
oder? Die ganze gute Stimmung im Land ist dahin! So
schnell konnte ich mit dem ROTEN TELEFON gar nicht
hinterherwählen, wie dieser Halbpole verschossen hat!

Und sag' mal, war an Deinem Trikot noch das Preisschild dran? Du hattest gegen Serbien die ganze Zeit so ein
blaues Schild am Nacken? Wer hat Dich denn so vor die
Tür gelassen? Du kannst doch nicht mit Preisschild hinten
dran im Fernsehen auftreten!

Außerdem hab' ich Deine Freundin auf der Tribüne gesehen. Auch in der „Tagesschau" bei Dir hinten drauf auf
einem Motorrad. Soso! Machst Du jetzt mit ihr Safari und
Spritztouren, anstatt zu üben für gegen Ghana? Sarah
heißt sie ja, sie wird immer blonder, ich weiß nicht, ob das
gut ist. Ich weiß auch nicht, ob es gut ist, dass sie auf der
Tribüne sitzt und auf Deinem Motorrad. Gegen Australien
saß sie nicht da, und wir haben gewonnen. Und gegen
Serbien saß sie da – und Du weißt, wie das Spiel ausgegan-
gen ist …

Heute gegen Ghana, Basti! Wie sich mal wieder unsere Leben ähneln! Für Dich geht es heute um alles, und mir steht die Bundesversammlung bevor! Bei Dir fehlt Klose (so ein Idiot, Rote Karte!), bei mir fehlen sechs Stimmen von der FDP (auch Idioten, die müsste man mit Roten Karten aus der Bundesversammlung werfen), aber ich kriege das schon hin. Ich rechne Dir das mal eben vor: Eine Bundes-versammlung hat 1244 Delegierte, ich brauch' für Wulff 623 Stimmen. Ich hab' sogar 21 mehr, minus 6 natürlich von die-sen FDP-Idioten, macht aber immer noch 15 mehr! Also nach meinen Berechnungen 638 Stimmen! Verstanden?

Gott, es gibt ein paar, denen ich es aus reiner Bosheit zutrauen würde, für diesen Gauck zu stimmen. Gutten-berg, der Baron aus Bayern, zum Beispiel, der will sich für meine Pofalla-Sache rächen! (Ich habe Dir doch geschrie-ben, was ich mir mit Pofalla gegen Guttenberg ausgedacht hatte, weil ich mir denke, dass Du das bald mal gegen die-sen Müller so machen musst, denn es wird zu viel über Müller geredet und man kann nicht immer auf einen Boa-peng wie bei Ballack hoffen, also nimm Pofalla!)

Zurück zu Guttenberg: Er wird heimlich Gauck wählen, weil er sowieso meinen Posten will, aber den kriegt er nicht, den Guttenberg schaff' ich auch noch, denn wer Kohl schafft, schafft locker Guttenberg! Kohl schaffen und dann an Guttenberg scheitern?, nein! Seehofer, klar, die Wildsau, die kann mir das mit der Kopfpauschale immer noch nicht vergessen und wählt auch heimlich Gauck. Die Obermama von der Leyen, klar, die jetzt wohl noch ein achtes und neuntes Kind zeugen muss, bevor sie in diesem Land was Richtiges wird, die hasst mich, seitdem ich doch lieber Wulff genommen hab'. Eigentlich geht es gar nicht um Wulff. Wulff ist ein Statist.

Bei Schäuble bin ich mir auch nicht sicher. Glaubst Du, Schäuble verübelt mir, dass er weder Kanzler noch Bundespräsident, sondern nur Finanzminister geworden ist, obwohl's nun im Grunde überhaupt keine Finanzen mehr gibt, also kein Geld?

Ich habe, wenn ich an die Bundesversammlung denke, ein richtiges Ghana-Gefühl, Basti. Entweder es geht glatt, oder es bricht eine Katastrophe in Deutschland aus.

Was ist denn bei den Franzosen los? Hast Du das gehört? Da soll einer zum Trainer gesagt haben: „F … PUNKT, PUNKT, PUNKT … IN DEN A … PUNKT, PUNKT, PUNKT??!", ich hab sofort Sarkozy angerufen und gesagt: „Na, Nicolas, das sind ja Sitten bei euch! F … PUNKT, PUNKT, PUNKT … IN DEN A … PUNKT, PUNKT, PUNKT??! So was kommt bei uns im deutschen Sprachgebrauch gar nicht vor!! Aber mir erklären wollen, wie man seriös spart!!!"

Noch mal zur Bundesversammlung. Eben kam Westerwelle in mein Büro und fragte mit seiner Nervstimme: „Frau Bundeskanzlerin, meinen Sie denn, mit der Bundesversammlung geht alles glatt? Wenn nicht, gibt's doch vielleicht NEUWAHLEN, und dann????"

Weißt Du, was ich gesagt habe, Basti? „Dann sind Sie arbeitslos, Guido! Sie bekommen bei Neuwahlen doch jetzt sogar weniger als die Partei Bibeltreuer Christen!"

Das saß wie bei Boapeng. Guido schlotterte und fragte ganz leise: „Partei Bibeltreuer Christen??? Also, weniger als 1 Prozent?!?!?"

„Ja!", sagte ich. „Vielleicht sogar unter null! Und nun bring mal schön Deine FDP-Gurkentruppe auf Vordermann, damit es kein Serbien gibt in der Versammlung!"

So, ich muss Schluss machen. Du Ghana, ich Bundesversammlung. Wir beide schaffen das, der Ball ist rund.

Deine Angie

Die Deutschen besiegten Ghana in einem mäßigen Spiel durch ein Tor von Mesut Özil und qualifizierten sich für das Achtelfinale gegen England in Bloemfontein. Merkel setzte wenig später in der Bundesversammlung erst im dritten Wahlgang ihren Kandidaten mit 625 Stimmen durch.

5. Brief

27. Juni. Am Tag des Achtelfinales gegen England. Schweinsteiger hat muskuläre Probleme, Merkel Gipfeltreffen der G20. Sie trifft in Toronto auf Berlusconi, den Ministerpräsidenten aus dem Land des Weltmeisters, das gerade gegen die Slowakei 2:3 verloren hat und damit in der Vorrunde kläglich ausgeschieden ist.

Lieber Basti,
ich schreibe Dir heute aus Toronto, vom Gipfeltreffen der G20. Du kannst Dir nicht vorstellen, was hier los ist. Eben ist Berlusconi beim Champagnerempfang auf Dmitri Medwedew, den Russen, losgeschossen: „Warum gibt's überhaupt die Slowakei??!! Warum seid ihr da nicht einmarschiert??!" Ich dacht', ich hör' nicht richtig!

„Silvio!", habe ich zu Berlusconi gesagt, „Silvio, die Slowakei ist ein eigenständiger Staat und in der NATO! Außerdem haben die Slowaken euch mit einer guten Leistung verdient 3:2 besiegt! Außer Pizza kriegt Italien gar nix mehr gebacken!"

Sarkozy, der Franzose, hat einen Lachanfall bekommen bei der Sache mit der Pizza. Und dann, Du glaubst es nicht, ist Berlusconi dem Sarkozy wie Boapeng dem Ballack auf den Fuß getreten und hat gesagt: „Ihr Franzosen mit euren Von-hinten-in-den-Arsch-Geschichten! Ihr seid schlimmer als die katholische Kirche!"

„Jesses Maria, ist das etwa eine Anspielung auf F …
PUNKT, PUNKT, PUNKT … IN DEN A … PUNKT,

PUNKT, PUNKT??", flüsterte ich zu dem Russen und zum Japaner, und dann wollte Obama vermitteln, aber Berlusconi ist völlig ausgerastet: „Euer US-Torjäger ist doch schwul! Warum bombt ihr nicht die Slowakei weg, Du Halbbimbo??!", hat er geschrien, und Obama hat nur entgeistert seine Berater angeguckt. „Halbbimbo" zum amerikanischen Staatspräsidenten zu sagen, Berlusconi hat doch eine Vollmeise, und was hat denn ein schwuler US-Torjäger mit Bomben auf die Slowakei zu tun? Nichts! Der Japaner stand nur da, lächelte und sagte immer: „Honda!, Honda!, Honda!" (Heißen so auch die Spieler??) Ich glaube, der ist gaga, gaga, seitdem die Japaner im Achtelfinale sind.

Eben kam der neue britische Premier auf mich zu, um sich vorzustellen, aber ich habe nur gesagt: „Na, Du Engländer, Sonntag wieder Elfmeterschießen und dann ab zurück auf die Insel, goodbye!"

Hier ist wirklich was los in Toronto. Wir werden von 12 000 Polizisten bewacht, die ganze Gipfelei kostet 880 Millionen Euro, und eigentlich sollen wir hier über Sparmaßnahmen sprechen und den Finanzmarkt regulieren …

Nun zu Dir. Meine Berater haben mir erzählt, dass Du muskuläre Probleme hast und vielleicht gegen England nicht spielen kannst? Das betrübt mich. Nimm bitte Arnikasalbe von Weleda und trage sie ganz dick auf die Stelle auf.

Hast Du vielleicht mit Sarah zu viel unternommen? Man bekommt doch nicht nur wegen Ghana muskuläre Probleme? Du kennst meine Meinung über Sarahs Aufenthalt in Südafrika! Meinst Du, ich nehme Joachim nach Kanada mit zum Gipfel?

Ich erwarte, dass Du gegen England fit bist, und ich schreibe Dir dies als Bundeskanzlerin.

Außerdem habe ich noch einen Brief an Özil beigelegt, den Du ihm bitte übergeben wirst, es ist der sogenannte Migrationsbrief.

Mit Grüßen aus Toronto, A. M.

Brief an Mesut Özil (Der Migrationsbrief)

Lieber Mesut Özil!
Ich übermittle Ihnen aus Kanada vom Gipfel meinen herz-
lichsten Dank für Ihr Tor gegen Ghana (1:0 für uns!),
womit Sie mich und mein Land in das Achtelfinale gegen
England geschossen haben. Ich habe soeben meinen Regie-
rungssprecher die Mitteilung verbreiten lassen, „dass die
Bundeskanzlerin" – also ich! –, „dass die Bundeskanzlerin
die frische Art von Herrn Özil schätzt".

Lieber Herr Özil, als Ihre Eltern sich entschieden, aus
der Türkei nach Deutschland einzuwandern, wussten sie
noch nicht, wie viel Sie einmal für dieses Land leisten würden. Und als Sie dann in Gelsenkirchen geboren wurden,
bereitete ich gerade die deutsche Einheit vor, lernte meinen
zweiten Mann kennen, er ist Physiker, die meiste Zeit
forscht er, sodass ich Dein Tor gegen Ghana ganz allein
genießen konnte. Ich sage jetzt einfach „Du" – lass Du
auch in Zukunft „Bundeskanzlerin" weg –, ich habe nämlich festgestellt, dass Dein Tor eine befreiende Wirkung auf
das ganze Land ausgeübt hat, von der Maas bis an die
Memel und bis zur Meerenge des Bosporus.

Lieber Mesut, als vorhin Barack Obama wieder seinen
Arm um mich legte, da habe ich nur an Dein prächtiges Tor
gegen Ghana gedacht. Ihr seht euch ja auch ein bisschen ähnlich, Du und Obama, dieser leichte, lockere Gang, diese stechenden Augen! Soll ich Dir Obama mal vorstellen? Wäre
kein Problem. Allerdings habe ich gelesen, dass Deine Freundin, Anna-Maria heißt sie, zum Islam konvertiert ist. Ich
weiß nicht, wie die Amerikaner das finden, wenn eine Frau
aus Delmenhorst zum Islam konvertiert, vielleicht müssten
wir das mit Obama ohne Anna-Maria machen. (Sie soll jetzt
„Melek" heißen, hab' ich gelesen, willst Du, dass ich diesen
Brief mit „Merek" zeichne oder mit Anglek Merkut?)

Mein Minister für besondere Aufgaben, Ronald Pofalla, hat ein Gutachten über die Frau anfertigen lassen, die Du, Mesut, heiraten willst. Noch ist sie mit einem anderen Profi namens Pekka Lagerblom verheiratet. Er ist Finne, und da will sie jetzt einfach zu einem Mann mit türkischen Wurzeln wechseln?, fragt Pofalla. Sie war vor dem Finnen schon mit einem Tänzer aus der Popband ihrer Schwester verheiratet. Das wäre jetzt, meint Pofalla, die dritte Ehe in ein paar Jahren! Darüber solltest Du nachdenken. Es gibt flatterhafte Frauen, die unberechenbarer sind als ein WM-Ball und die alle ins Fernsehen wollen, dafür gehen sie sogar von Finnland bis an den Bosporus, obwohl sie nach Delmenhorst gehören!

Wenn Du Fragen hast, was die Ehe betrifft, mail mir an meinen Privataccount: angie@freenet.de. Ich muss jetzt zum Staatsbankett, Berlusconi und Sarkozy klopfen schon an die Tür meiner Suite.

Deine „Anglek Merkut" ☺

PS: Und gegen England schießt Du den Elfmeter, Mesut. Du hast den strammsten Schuss!

44 Jahre nach dem berühmtesten Tor der Welt durch Geoffrey Hurst gegen Deutschland im WM-Finale von 1966, dem „Wembley-Tor", das eindeutig keines war, erzielten nun die Engländer durch Frank Lampard ein ähnliches WM-Tor, das nicht anerkannt wurde, aber diesmal eindeutig eines war. Englische Wettbüros werteten Lampards Schuss als Treffer. Dennoch besiegte Deutschland das englische Königreich durch Tore von Klose, Podolski und zweimal Müller mit 4:1.

6. Brief an Schweinsteiger

3. Juli. Am Tag des Viertelfinales gegen Argentinien.
Schweinsteiger hat seine muskulären Probleme überwunden,
Merkel setzt sich in die Regierungsmaschine nach Kapstadt.

Lieber Basti,
ich bin bewegt. Der beeindruckende Sieg gegen England
(4:1 für uns!) hat mich mit aller Nachhaltigkeit bewegt. Ich
hatte Dir ja geschrieben, dass ich den Klassiker Deutschland gegen England auf dem Gipfel in Kanada schauen
würde, zusammen mit dem englischen Premier. Herr
Cameron neben mir auf dem Sofa ist immer kleiner
geworden, aber bei diesem einen Schuss ist er plötzlich
aufgesprungen und hat geschrien: „The ball was in!!!", also
„Der Ball war drin!!!".

Ich habe gesagt: „Thank you for the info", und mir die
Zeitlupe angeguckt. Du, Basti, der war ja wirklich drin!

Mr. Cameron hat überhaupt nicht mehr aufgehört zu
schreien: „Mrs. Merkel, the ball was IN!" „Yes", habe ich
geantwortet, „but nun he is wieder OUT, Mr. Cameron!
That's life." „So ist das Leben."

Ob etwas drin ist oder nicht, entscheidet der Schiedsrichter, und ob in Deutschland etwas drin ist oder nicht,
entscheide ich! Schau' Dir das Ergebnis der Bundesversammlung zur Wahl des Bundespräsidenten an! Ich sagte
Wulff, das Volk sagte Gauck. Und wer ist drin? WULFF!
Das Volk hatte mit Gauck ein Tor geschossen, dachte es.
Aber ich habe es überhaupt nicht zur Kenntnis genommen,
dafür brauch' ich nicht mal Linienrichter, ich hab' einfach
WULFF ganz allein ins Bellevue geschossen!

So. Heute gegen Argentinien. Ich komme! Ich werde da
sein! Wenn Du diesen Brief liest, sitze ich schon in der
Regierungsmaschine! Während dieser langweiligen Bundesversammlung habe ich mir überlegt, dass ich vielleicht

Wulff mitnehme und ihn in Südafrika präsentiere. Ich hab mich zu ihm rübergelehnt und gesagt: „Wulff, in ein paar Tagen, wenn der ganze Mist hier vorbei ist, fahren wir nach Südafrika! Damit Du mal ein bisschen Farbe bekommst!" Er war ganz aufgeregt und hat gesagt: „Eine Reise nach Südafrika! Da komm ich gerne mit, ist das gratis?"

Schmier Dir wieder die Arnika-Salbe von Weleda auf die Muskeln und dann zeig' den Gauchos und Pferdezüchtern mal, wo's langgeht! Maradona, diese Presswurst im Anzug, dieser rollende Kokain-Castro, dieser Möchtegern-Mario-Adorf, der knutscht doch seine Spieler nur noch! Die wissen gar nicht mehr, was Disziplin und Peitsche ist!

Und sag' Jogi und seinem süßen Flick, dass sie wieder die hellblauen Pullis anziehen sollen! (Gehen die eigentlich zusammen shoppen?) Diese dunklen Helmut-Kohl-Strickjacken wie gegen Serbien gehen gar nicht! Die hellblauen bitte!

Hast Du gehört, was man mit den Spielern von Nordkorea gemacht hat? (0:7 gegen Portugal!) Kaum waren sie in Pjöngjang eingetroffen, wurden sie von Präsident Kim Jong-il bei lebendigem Leibe in die Atomsprengköpfe der Interkontinentalrakete „Taepodong" eingebaut, die bald auf Amerika abgeschossen werden soll.

So etwas ist in Deutschland unter Angela Merkel undenkbar! Niemals würde ich Dich, Basti, nach einer schlechten Leistung in Raketen einbauen und nach Afghanistan oder so wegschießen, aber ich erwarte mir heute schon einen Sieg gegen Argentinien, wenn ich auf der Tribüne sitze, es geht ja schließlich auch um die Macht der Bilder.

Hast Du den anderen Brief Mesut Özil gegeben? Ich habe Mesut geschrieben, dass ich skeptisch bin, was seine neue Freundin Anna-Maria betrifft, die sich jetzt plötzlich

„Melek" nennt, weil sie zum Islam konvertiert ist! Eine Frau aus Delmenhorst konvertiert zum Islam? Mal ehrlich: Konvertiert sie nicht eher zu den Medien? Um den Islam geht es doch gar nicht? Außerdem ist sie noch mit einem Finnen verheiratet, mit Pekka Lagerblom, das weiß ich von Pofalla, aber weiß das mit Lagerblom auch Özil? Frag ihn doch mal. Frauen in eurem Gewerbe sind flatterhafter als WM-Bälle!

Und nun alles Gute für gegen Argentinien, Basti! Die Gauchos haben Maradona und die Hand Gottes, wir haben Schweinsteiger! ☺☺ Und ich werde Dir winken!

Deine Angie

PS: In Berlin fackelten die Linken den begeisterten Türken ihre Deutschlandfahnen ab! Manchmal verstehe ich die Welt auch nicht mehr ...

Die Deutschen besiegten Argentinien in einer berauschenden Darbietung mit 4:0. Die Tore von Thomas Müller, Arne Friedrich – nach Jahrhundertvorarbeit von Schweinsteiger – und zweimal Klose in seinem 100. Länderspiel brachten Diego Maradona, den großen kleinen Argentinier, zum Weinen.

7. Brief
7. Juli. Am Tag des Halbfinales gegen Spanien in Durban. Schweinsteiger bereitet sich auf das vielleicht wichtigste Spiel seiner Karriere vor, Merkel steht noch ganz unter dem Eindruck ihrer letzten Auslandsreise.

Lieber Basti,
ich bin überwältigt. Ich habe noch nie mit so netten Männern ein Bier getrunken. In einer Herren-Umkleidekabine!! Nach dem Sieg gegen Argentinien (4:0 für uns!) bin ich aufgesprungen und habe zu dem Präsidenten Südafri-

kas gesagt: „Mr. Zuma, it was nice to meet you, but now I have to go to the german Herren-Umkleidekabine!"

Mr. Zuma nickte mit dem Kopf, und ich bin dann mit meiner roten Jacke los, die anderen saßen alle noch auf ihren Stühlen rum, ich bin ganz allein durch den Keller vom Stadion gelaufen.

Einmal hat mich ein Bediensteter von der FIFA gefragt: „Who are you? Do you want to piss here like this englisch hooligan?"

Ich dachte, ich hör' nicht richtig. „To piss??!", habe ich den FIFA-Bediensteten ermahnt. „Do you not looking television? I am the german Bundeskanzlerin! I have to meet Mr. Schweinsteiger, not to piss!!!" (Da hat sich wohl neulich ein englischer Fan verlaufen und stand plötzlich neben Beckham auf dem Klo!)

Ich habe dann die Kabinentür aufgemacht und gedacht, das gibt's doch nicht, warum weint ihr denn alle, lauter weinende, nackte Männer? Einer war ganz klein und weinte am bitterlichsten, ich fragte ihn: „Wir haben doch gewonnen, warum weinst du denn so? Bist du dieser kleine Marin aus Bremen mit bosnischem Migrationshintergrund?"

„No, I am Messi!!", hat der gesagt und noch mehr geweint. Du, das war gar nicht Marin, das war der MESSI, ich war in der argentinischen Kabine! Dieser Maradona betete und wollte sich danach am Handtuchhalter aufhängen. „Mülllllerrrrrrr! Bumm! Bummmm!", hat er noch gerufen und Deinen Namen, Basti, „Sweiiiiiinsteigerrrr! Sweeiiiiiiiiiinseigerrrrrrr!", dann ist der Handtuchhalter abgebrochen und Maradona heruntergefallen.

Ich bin raus und sah Gott sei Dank Jogi Löw auf dem Gang. „Anschela!", hat er mich gerufen, er sagt immer „Anschela", wie süß.

Es war toll bei euch in der Kabine. Ihr alle im Schlüpfer, und ich mit meiner roten Jacke …

Ich muss wirklich sagen: Wenn man so sieht, wie Gott euch geschaffen hat, dann seht ihr gar nicht aus wie Deutsche. Die Argentinier sahen nackt viel deutscher aus! Der eine, der hatte sich bei mir noch mit „Heinze" vorgestellt, bevor er sich auch aufhängen wollte: „Gestatten, Heinze. Ich häng mich jetzt auf, Frau Bundeskanzlerin!"

Bei uns heißen die Spieler „Özil", „Podolski" oder „Khedira", ja, da merkt man, dass wir ein temperamentvolles Land geworden sind.

Die Einzigen, die das noch nicht kapiert haben, sind die deutschen Journalisten und meine eigene Partei! Natürlich geht es in der Regierung eines temperamentvollen Landes auch mal drunter und drüber, das ist doch ganz normal! Wenn wir die Deutschen von früher wären, dann wäre alles langweilig mit Dienst nach Vorschrift, aber seitdem ich eben die Zügel mal bewusst etwas lockerer gelassen habe in der Regierungsarbeit, spielen wir plötzlich auch viel lockerer und temperamentvoller Fußball!

Ist Dir der Zusammenhang schon aufgefallen? Ich stehe einem südamerikanischen, asiatischen, man kann auch sagen muslimischen Regierungsstil viel näher, als das Seehofer und Westerwelle begreifen können! Das kannst Du mal im Interview nach dem Spiel bei Netzer und Delling sagen, dass ihr im Prinzip alle spielt wie Angela Merkel, dann checkt es vielleicht auch endlich mal meine idiotische Koalition!

Heute gegen Spanien, Basti! Diesmal kann ich nicht da sein (muss leider Kolumbiens neuen Präsidenten begrüßen), aber ich ziehe mir wieder die rote Jacke an und schaue, wie Du spielst. Ach, Basti, Du bist der Beste. Ich wollte Dir's schon lange sagen, aber Du bist der Allerbeste! Vielleicht sind es auch meine Briefe, die Dir helfen, wer weiß das schon …

So.

Heute macht ihr aus unserem Gegner ein spanisches Omelett ohne Kräuter, ich tippe auf ein 5:0! Und wir sehen uns dann am Sonntag in Johannesburg in der Herren-Umkleidekabine nach dem Finale gegen die Tulpenzüchter!

Wir werden lachen, und die anderen werden weinen. Wir werden Bier trinken, und die anderen werden „Schweeiiiiiiiiiiiinsteigerrrrrrrr!!!!" rufen und sich wieder am Handtuchhalter aufzuhängen versuchen. Oh, ich freue mich darauf wie ein kleines Mädchen.

Deine Angie

Die deutsche Mannschaft unterlag ohne Mut und ohne Müller dem späteren Weltmeister Spanien mit 0:1 durch ein Tor von Puyol in der 73. Minute. Die Bundeskanzlerin reiste nicht mehr nach Südafrika.

8. Brief

10. Juli. Am Tag des Spiels um Platz 3 gegen Uruguay in Port Elizabeth. Schweinsteiger wird dennoch auflaufen, Angela Merkel schreibt einen von Schwermut getragenen letzten Brief.

Lieber Basti,
ich saß noch lange nach dem Spiel schweigend auf meiner Couch. Das Märchen ist vorbei, wir können nun nicht mehr Weltmeister werden. Ich fühle mich wie nach der Liebe, wenn das Spiel vorüber ist.

Was habe ich mich danach gesehnt, Finale! Nach Südafrika … Heute wieder in meine Maschine steigen und starten, durchstarten, neu starten! Abheben und dieses ganze Land hinter mir lassen, dieses schwere deutsche Land vergessen …

Endlich vergessen, lieber, trauriger Basti, endlich raus aus der engen Regierungsbank, raus aus den morschen

Bündnissen, den entsetzlichen Versammlungen und ewigen Kämpfen. Nach Südafrika …

Südafrika war mein anderes, frisches, mein schönes neues Deutschland, Basti. Ich wollte mit Dir und dem Weltpokal eine Safari machen … Wir beide mit dem FIFA-Weltpokal bei den Löwen und den Giraffen. Und dann weiter mit dem Moped durch die Steppe bis ins Abendrot. Ach, ach …

Stattdessen muss ich jetzt den Bericht des Nationalen Normenkontrollrats entgegennehmen, und Du spielst gegen Uruguay …

Was soll ich uns wünschen, Basti? Dass ich den Kontrollrat überstehe und Du Uruguay? Nein, Basti, ich will mich auf irgendetwas freuen. Freuen! Soll ich nun vier Jahre warten? Und dann Dir zurufen:

„Nach Rio?"

In vier Jahren wir beide nach Rio? Nur, was mache ich so lange?

Es ist einsam geworden in Berlin. Alle, mit denen ich hätte reden können, habe ich aus dem Weg geräumt. Nun bin ich ganz allein.

Soll ich etwa mit Leuten wie Mappus reden? Alle sind weg, es gibt nur noch Mappus und Kauder.

Oh weh …

Ich denke nun wieder an das Moped auf der Steppe … Du vorne und ich hinten, Basti – und zwischen Deinem Rücken und meinem Schoß der Weltpokal. So fahren wir dahin. Und immer weiter …

Sehen wir uns wieder?

Deine Angela

Hans Scheibner

Die 89. Minute

Hans Scheibner beschwört alle, die nichts vom Fußball
verstehen, den wahren Fans keine Fragen zum Spiel, seinen
Regeln oder zum aktuellen Ergebnis zu stellen.

Richter (zum Angeklagten:) Das Fenster in Ihrem Wohnzimmer
stand also offen.
Angeklagter: Jawohl, Herr Richter. Ich hatte ja auch die
Deutschlandfahne rausgehängt.
Richter: Und weiter? Sie saßen also vor dem Fernseher und
sahen Deutschland gegen Polen? Und dann …
Angeklagter: … dann kam meine Frau wieder herein und
fragte: Wer spielt denn da jetzt?
Richter: Und was sagten Sie darauf?
Angeklagter: Gar nichts. Ich versuchte, nicht hinzuhören.
Schneider gab grade die Flanke rein und Klose sprang
neben den Ball …
Richter: Sehr richtig. Das war die 51. Minute. Und dann?
Wie ging es weiter?
Angeklagter: Dann fragte sie: Sind wir die Roten oder die Wei-
ßen?
Richter: Um Gottes willen. Und was haben Sie geantwortet?
Angeklagter: Gar nichts, Herr Richter. Ich habe gar nichts
gesagt.
Richter: Aber Ihre Frau, Angeklagter. Was hat Ihre Frau
gesagt?
Angeklagter: Sie hat gesagt: Wie kriegen die das eigentlich
immer hin, dass der Rasen dunkle und helle Streifen hat?
Richter: Nicht zu fassen. Und dann?
Angeklagter: Dann kam Neuville für Podolski, und meine
Frau kam wieder ins Zimmer und sagte: Der Oliver Kahn
ist ja viel schlanker geworden.

Richter: O, nein! Und Sie? Was haben Sie gesagt?

Angeklagter: Nichts, Herr Richter. Ich habe gar nichts gesagt.

Richter: Ja, aber – wie kam es dann dazu, dass …

Angeklagter: Sie kam noch einmal herein und sagte: Warum kriegt denn der Spieler da an der Seite – der mit der Fahne – nie den Ball?

Richter: O Gott, und dadurch haben Sie dann das Tor in der 91. Minute nicht gesehen?

Angeklagter: Doch, doch, Herr Richter. In der 89. Minute hatte ich sie ja schon aus dem Fenster geworfen.

Richter: Na, Gott sei Dank. Freispruch!

Hans Scheibner

Elfmeter

> *Hans Scheibner* beobachtet Oma Reimer beim Anfeuern ihrer
> Idole. Eine Milieustudie mit Ansage

1. Vers

Oma Reimer
mit dem Rheuma
und dem Gallenstein.
Mit der halben Plastikniere
jeden Abend zwei Klistiere
und dem Überbein.
Oma Reimer ist im Eimer
aber das ist für die Katz.
Jeden Samstag mit der Krücke
schreit sie sich vor Wut in Stücke
auf dem Fußballplatz.

Thomas Müller, gib doch rein!
Schweini sehn: Da steht er.
Schieß doch, schieß doch, schieß doch! Nein!
Elfmeter! Elfmeter! Elfmeter!

Oma Reimer
mit dem Eimer
und dem Ledertuch
Fensterputzen, Teppichklopfen
Socken stricken, Socken stopfen
kriegt sie nie genug.
Oma Reimer mit dem Eimer
wischt sogar vorm Haus den Platz
nur am Samstag ist sie nie da
denn sie muss zur Bundesliga
auf den Fußballplatz:

Lewandowski, gib doch rein!
Götze sehn! Da steht er.
Schieß doch, schieß doch, schieß doch. Nein!
Elfmeter, Elfmeter, Elfmeter!

Oma Reimer
sieht nie einer
ohne ihren Fritz,
ihren kleinen Rauhaardackel
der macht Wuff und Wackel wackel
und macht Platz und Sitz.
Oma Reimer sagt: Mein Kleiner
heut bleibst du allein, mein Schatz
samstags darf ich doch nicht fehlen,
muss doch für St. Pauli gröhlen
auf dem Fußballplatz.

Schindler, Schindler, gib doch rein!
Ebbers sehn. Da steht er.
Schieß doch, schieß doch. Schieß doch! Nein!
Elfmeter, Elfmeter, Elfmeter!

Eckhard Henscheid

Hymnentraining

> *Eckhard Henscheids* als Theateraufführung gedachte
> „Standardsituationen" sind zeitlos – wie auch die Szene
> „Hymnentraining", die lange vor dem legendären
> Europameisterschafts-Halbfinale 2012 Italien gegen Deutsch-
> land entstand, als die Spieler der deutschen Nationalelf
> nicht beherzt genug die Nationalhymne intonierten und
> deshalb (?) verloren.

*Eine Art Trainingsraum undefinierbaren Charakters, viel-
leicht ein Trainingslager. Ein DFB-Agent und fünf Nationalspieler.*

Dieter *gickernd:* Immer der Lothar!
Lothar *nachäffend:* Was Looothar!?
DFB-Mann *ernsthaft zornig:* Herr-Gott-noch-mal, so reißt
euch doch jetzt mal am Riemen! Lothar! Die anderen habe-
n's doch auch geschnallt! Also was ist denn!? Nochmal:
Drei, vier – und Muffy, nicht so krähen! Aber schön weit
den Mund aufmachen, klar? Drei, vier: „Einigkeit und …"

Er schlägt heftig den Takt.

Alle fünf *singend:* „Einigkeit und Recht und Freiheit …"

*Man hört aber mindestens einen dazwischen „Deutschland,
Deutschland, über alles …"*

DFB-Mann *reißt die Geduld:* Mensch, am Arsch! *schreiend*
Doch nicht „Deutschland, Deutschland, über alles"! Zocke,
du warst das! Sondern –
Zocke: Ich war's nicht, heeey! Ich hab genau –

DFB-Mann *stampft mit dem Bein auf:* Dann war's wieder
Lothar! Und was ist das überhaupt für eine Haltung,
Lothar!
Lothar *ertappt:* Nein, weil doch – Mensch, wir haben doch
gestern –
DFB-Mann: Nein! „Deutschland, Deutschland, über alles" ist
heute ver-booo-tänn! Wir sind nicht mehr bei – äh: Sepp
Herberger im Trainingslager. Und da war's auch schon verboten, 1954! Und dafür kriegt ihr auch jede Menge mehr
Kies! Mensch Mann, wenn ich denke – wir haben bei Herberger noch für ein Butterbrot – ha! *er findet zum Thema
zurück* Leute! Hartmut! Wie oft denn noch: Die erste Stro-
phe singen wir, wenn überhaupt, nur noch in-tern!! Ohne
Presse! Ohne Publikum! Vergesst nie – Lothar, Zocke, Dieter, hört doch mal her! – die ganzen internationalen Kame-
ras sind drei Minuten lang auf eure Mäuler gerichtet – da
sehen die Leute draußen genau, wer nicht mitsingt, sie
sehen aber auch jedes falsche Wort! *steigert sich* 30 Millionen sehen alles, und so viel haben wir übermorgen! Einer
unter 30 Millionen sieht immer was! Und am nächsten Tag
steht es in der gesamten Presse, dass Lothar Koblungen –
Lothar *maulend:* Warum immer ich?
DFB-Mann: – die falschen Wörter gegrölt hat. Alle sehen euch
zu. Wie bei jedem Pass und Fehlpass. Sehen auf eure Lip-
pen – wenn sie euer Geröhre schon nicht verstehen, he!

Lothar will sich offenbar verdrücken

DFB-Mann: Hiergeblieben, Lothar! Zocke! Also noch mal:
Blick halbhoch, Dieter! Kinn vorstrecken, Hartmut, ja, du!
So! *er streckt das Kinn vor wie vor dem Erschießungskom-
mando* Zocke, Lothar: Locker stehen und doch straff! Kein

Standbein-Spielbein-Wechsel! Und ja nicht Kaugummi-Kauen, Zocke!

Zocke: Ich kau nicht, hey, Mann, was –

DFB-Mann: Schluss jetzt! *holt zum Dirigieren aus*

Dieter *meldet sich mit Fingerzeichen:* Chef?

DFB-Mann: Was ist?

Dieter: Äh, kann ich mal –?

DFB-Mann: Nein!!! Du kannst dein Wasser noch die drei Minuten halten, also, stillgestanden! Und: *holt wieder aus* Drei, vier: „Einigkeit und …"

Alle fünf: „Einigkeit und Recht und Freiheit" – –

Man hört aber wieder, durchaus klamottenhaft, etliche falsche Wörter wie „Macht" und „Heiligkeit" und „Steilpass" grölen.

DFB-Mann *im Singen und Dirigieren:* Na also, geht doch – warum denn nicht gleich!

Frank Lüdecke

Tore & Töne

Frank Lüdecke, Kabarettist, Autor und Kolumnist, schreibt
seit 2013 wöchentlich im „Tagesspiegel" eine Glosse über die
Fußballbundesliga und in größeren Abständen im „Kicker";
er meint, die Verbindung zwischen Sport und Musik gehöre
zu den erschütterndsten Momenten der Musikgeschichte.

Eines der Rituale des Fußballsports ist es, den Gewinn eines
sportlichen Wettbewerbs zu zelebrieren. Beim Fußballklub
Bayern München ist diese Fähigkeit besonders ausgeprägt,
was naturgemäß daran liegt, dass sie besonders oft siegreich
sind. Die Triumphzüge der Weißwurst-Titanen in München
werden regelmäßig live im Fernsehen gezeigt. Gefühlte
sechsunddreißig Stunden (oder länger?) überträgt die ARD,
wie enthemmte Hochleistungssportler versuchen, den ver-
bliebenen Restalkohol in Töne umzuwandeln. Ich bin
immer wieder aufs Neue konsterniert. Haben Sie Schweinsteiger mal singen gehört? Ich möchte dazu nur so viel
sagen: Bastian Schweinsteiger ist ein fantastischer Fußballer.

Vor dem Pokalfinale 2013 hatte Karl-Heinz Rummenigge stolz verkündet, den Gegner (Stuttgart) könne man auch
mit 1,8 Promille im Blut schlagen. Eine Formulierung, die
ihm viele Verehrer einbrachte. Nachdem auch dieses Spiel
gewonnen war, gab der Vorstandsvorsitzende Karl-Heinz
R. die Parole aus, jetzt dürfe mit 2,0 Promille weitergefeiert
werden. Das aber war ein Fehler. Ein ganz schwerer Fehler.
Denn wie sich zeigen sollte: 2,0 Promille reichten bei Wei-
tem nicht aus. Sie konnten alle noch singen. „Suuupppper-
baaayeeeernsuuuuppperbaaaaayernnn …" Und das über
Stunden.

Dass es für die Bayern daraufhin ein „Kicker"-Sonder-
heft gab, fand ich absolut okay. Zum Glück aber – für alle

Beteiligten – gab es zum Erfolg kein Songbook. „He-Suu-uppppperBayeeeernn-Huu-Huu-Huu"!

Die Ergebnisse, die die Verbindung von Sport und Musik hervorbrachte, gehören wohl zu den erschütterndsten Momenten der Musikgeschichte. Franz Beckenbauer sang etwas von „Guten Freunden" und Gerd Müller „Dann macht es bumm". Wussten Sie, dass Julio Iglesias als Jugendlicher im Tor von Real Madrid stand? Das erklärt einiges. Seit 1974 brachte auch die Nationalmannschaft zu jeder WM ein Lied heraus, erinnern Sie sich? Mit dieser Tradition wurde dann 1998 gebrochen. Das hatte Gründe.

Nun haben Iglesias, Müller, manch andere Kicker und die deutsche Nationalmannschaft aus kommerziellen Erwägungen gesungen. Irgendwelche Marktanalysten waren der Ansicht, dass auf diesem Erdball ausreichend Konsumenten existieren, deren musikalisches Verständnis über „Heintje" nicht hinausgeht.

Schweinsteiger und seine Mannen haben aber aus einem ganz anderen Grund gesungen: Sie wollten ihrer Freude Ausdruck verleihen. Und das macht die Sache eigentlich noch schlimmer. Offensichtlich verfügen wir Deutschen auch gar nicht über das passende musikalische Repertoire, wenn es etwas zu feiern gibt. Als am 9. November 1989 die Mauer fiel – wissen Sie, was die Menschen in Berlin am Grenzübergang Invalidenstraße vor Freude sangen? „Ein' Rudi Völler, es gibt nur ein' Rudi Völler …"

Nachdem die Bayern das Triple gewonnen hatten – Meisterschaft, Pokal und Champions League –, sagte der frühere Profi Jan Aage Fjörtoft sinngemäß, Trainer Pepe Guardiola könne mit dem FC Bayern nunmehr nur noch den Eurovision Song Contest gewinnen. Guardiola soll ja ein toller Typ sein. Aber das schafft er nicht.

Fußball ist mehr als Kicken. Fußball vereinigt
die Völker und leistet mit seiner positiven
Energie einen großen Beitrag in einer bösartigen
und verrückten Welt. Der Fußball kann
sich für eine bessere Welt und bessere Menschen
einsetzen.

FIFA-Präsident Joseph (Sepp) Blatter

2:2

Eckhard Henscheid

Oskar Blose, bitte melden! Eine Konferenzreportage

Eckhard Henscheid schrieb zum Beginn der Bundesliga- und
Theatersaison 1975/76 diese Konferenzreportage, die den
sehnlichen Wunsch des großen Philosophen Max Hork-
heimer aufgreift: „Fußball und Theater seien eins!"

Manfred Sausmann: … Hallo, liebe Theaterfreunde, es ist wieder
so weit, ich begrüße Sie zur heutigen Konferenzreportage
aus vier deutschen Theatern. Unsere Reporter sind heute
ausgeschwärmt, Ihnen die spannendsten Minuten aus dem
Schauspielhaus Düsseldorf, dem Hamburger Thalia Theater, der Staatsoper München und dem Schiller-Theater
Berlin zu schildern. Im Augenblick scheint es in Düsseldorf am interessantesten zuzugehen, ich rufe also sofort
Adi Wurler. Hallo, Adi!
Wurler: Ja, Manfred Sausmann, ich melde mich aus Düsseldorf, und hier ist tatsächlich einiges los. Faust ist eben
Gretchen begegnet und hat es – zum Entzücken der gut
2000 Zuschauer – gefragt, ob er es wagen dürfe, dem
schönen Fräulein Arm und Geleit anzutragen. Und Gretchen? Ha! Hat geantwortet, es sei „weder Fräulein weder
schön", könne „ungeleit' nach Hause gehen". Eine
unwahrscheinlich spannende, brenzlige Szene, das ganze
Theater ist aus dem Häuschen, da ist Dynamik, da ist
Tempo drin! Doch jetzt scheint sich alles erst mal zu
beruhigen, Faust setzt zu einem längeren Monolog an,
das Geschehen scheint zu verflachen – und ich schalte
deshalb zurück ins Studio.
Sausmann: Dankeschön, Adi Wurler, na, das war ja ein turbu-
lenter Auftakt – wie aber sieht es im Hamburger Thalia
Theater aus bei Samuel Becketts Schauspiel „Glückliche
Tage"? Oskar Blose, bitte melden!

Blose: Ja, Manfred Sausmann, es sieht gar nicht gut, gar nicht gut, es sieht übel aus. Zwei Menschen stecken auf der Bühne in einem Sandhügel, Winnie und Willie, ja, und sie labern und labern. Das heißt, nur sie labert, und zwar das allerdümmste Zeug: „Oh, es wird wieder ein glücklicher Tag werden", krächzt sie ununterbrochen, während Willie praktisch nur noch die Zeitung liest und bald überhaupt nichts mehr sagt. Ein langweiliges, ein einseitiges Spielgeschehen, und es sieht nicht danach aus, als ob das noch besser würde. Meine Güte – ich schalte deshalb wieder zurück, vielleicht ist anderswo mehr los. Was hier gezeigt wird, ist, das muss man sagen, abstiegsreif!

Sausmann: Danke, Oskar Blose. Ich rufe nun Sammy Quecksel im Schiller-Theater Berlin. Sammy, was gibt's Neues aus der alten Reichshauptstadt?

Quecksel: Es sieht gut aus, Manfred Sausmann, sehr gut sogar, in Georg Büchners „Woyzeck". Da ist was los, da unten, da ist echt Pfeffer drin! Marie, ein Bilderbuchweib, flirtet ganz eindeutig mit dem Tambourmajor, der sich geradezu hinreißend herausgeputzt hat – da! Unglaublich! Eben tritt er vor sie hin, schaut sie ruhig an – und sie? Was wird sie sagen? Ah! Ah! „Mann", sagt sie nur ganz kurz und spöttisch, „Mann" – und doch, was eine Aufforderung in diesem buchstäblich einsilbigen Wort, und da, tatsächlich: Der Tambourmajor umfasst sie – „Wild Tier!", stößt er hervor, grandios. Ehrlich, mir ist es lange nicht mehr so kalt über den Rücken gelaufen, ein Klasse-Spielchen, echt, wow, aber ich gebe vorerst einmal wieder zurück ins …

Sausmann: Na, das war ja wohl wirklich große Klasse, doch nun zu Günter Holzbauer ins Nationaltheater München. Hallo, Günter!

Holzbauer: Ja, auch hier ist schon der Teufel los, Manfred Sausmann, im Hause von Don Giovanni findet gerade ein rauschendes Fest statt, ein ungeheures Spektakel, ich hoffe, Sie können mich verstehen, Manfred Saus – –

Sausmann: Ja, ich verstehe Sie, Günter …

Holzbauer: … ein wirklich glänzender Ball mit allem Donner und Doria und sage und schreibe drei Orchestern auf der Bühne! Don Giovanni und Leporello haben das Heft noch relativ fest in der Hand, doch immer bedrohlicher rücken die drei Maskierten auf den gottlosen Sünder ein, der gerade dabei ist, die kleine Bäuerin Zerlina abzustauben, großartig, diese nächtlich-dämonische Musik, dieses kontrollierte Chaos, wie es unter der fragilen Oberfläche des Menuetts gärt – ah, schon wieder ist Don Giovanni hinter Zerlina her, Wahnsinn! –

Sausmann: Entschuldigen Sie, Günter, dass ich unterbreche, aber ich höre, in Düsseldorf ist gerade etwas passiert. Adi Wurler?

Wurler: Ja, liebe Hörer, hier scheint eine Vorentscheidung gefallen zu sein. Wenn nicht alles täuscht, hat Gretchen sich Faust jetzt hingegeben, jedenfalls war von einem langen Kuss die Rede – ich melde mich wieder, wenn alles ganz klar ist – –

Holzbauer: Auch hier in München hat sich wieder etwas getan. Don Giovanni hat Zerlina in ein Gemach verschleppt, die hat dann einen Schreikrampf gekriegt, jetzt versucht Don Giovanni Leporello als Übeltäter hinzustellen, ein packendes C-Dur-Strafgericht – und? Und? Doch da ist auch schon Halbzeit.

Sausmann: Na, das scheint mir ein packender Spieltag zu werden. Ich habe hier auch noch zwei Halbzeit- beziehungsweise Schlussergebnisse. Im Frankfurter Opernhaus wurde soeben der Feldherr Radames verhaftet, und aus den Münchner Kammerspielen hört man die gute Nachricht, dass sich Galileo Galilei nach hartem Vierstundenkampf dem Zugriff des Papstes entzogen hat. Doch zurück nach Berlin. Sammy Quecksel, was macht Woyzeck?

Quecksel: Es sieht gut aus, Manfred Sausmann, sehr gut, sie tanzen im Wirtshaus eng umschlungen, Marie und der Tambourmajor, für Woyzeck wird es natürlich sehr hart werden, hier wieder Anschluss zu finden, sehr hart und eng, und ich gebe aber vorerst weiter nach Düsseldorf.

Wurler: Ja, hier ist die Entscheidung gefallen: Gretchen hat ein Baby gekriegt und es auch gleich umgebracht, so geht das natürlich, wenn man in der Deckung nicht aufpasst. Aber dann gleich so unfair, so foul zu spielen, liebe Zuhörer, ich glaube, mit Sport hat das wirklich wenig mehr zu tun, und ich schalte deshalb um ins Thalia Theater.

Blose: Ja, hier ist es ganz trostlos, das langweiligste Spiel, das ich – ha! – seit Jahren gesehen habe, und so einem Autor gibt man auch noch den Nobelpreis. Tja. Eine Schande ist das für den Sport. Willie sagt gar nichts mehr, Winnie redet völlig systemlos herum, dabei wäre dieser Gegner heute noch zu packen, wäre verwundbar, aber da ist ja kein Kampfwille, kein Ehrgeiz – –

Sausmann: Oskar, ich höre, in München reißt sich Don Giovanni gerade Donna Elviras Kammerzofe unter den Nagel. Stimmt das?

Holzbauer: Nein, es stimmt leider schon wieder nicht mehr, ein Trupp Bauern ist dazwischengegangen, und ich gebe also weiter zu Adi Wurler nach Düsseldorf – –

Wurler: Hallo, hier ist das Spiel inzwischen aus, mit einem „Heinrich, mir graut vor dir", hat sich Gretchen noch einigermaßen imposant aus der Affäre gezogen und ist dann schnell gestorben. Hm, ich finde diese Vielzahl von Todesfällen schon langsam bedrückend auf unseren Sportplätzen, jedenfalls – –

Quecksel: Adi, entschuldige die Unterbrechung, aber hier in Berlin ist es ebenfalls in die Binsen gegangen, Woyzeck hat

Marie eben mit einem Bombenschuss zu Boden gestreckt, also du liebe Güte, das hat doch mit Sport nun wirklich nichts mehr zu tun – –

Blose: Auch das Geschehen in Hamburg nicht. Hier sind Winnie und Willie zwar noch immer am Leben, aber wie tot, wie tot, es geht jetzt rein gar nichts mehr, kein Mittelfeldspiel, keine Sturmspitzen, und das in Irland, einem Land, das immerhin schon mal dem Weltmeister Deutschland ein Bein gestellt –

Holzbauer: Auch in München erleidet der mit vielen Vorschusslorbeeren angetretene Don Giovanni eine Niederlage nach der anderen, o je, und –

Sausmann: Meine Herren – –

Blose: Ja, auch hier ist das Spiel aus. Ich meine, man sollte einmal die Herren des DFB fragen, was denn eigentlich – –

Wurler: Und haben zuerst so schön über die Flügel gespielt, dieser Faust und sein Gretchen, aber dann diese Konditionsschwächen –

Holzbauer: Man kann getrost von einer echten Krise des Don Juanismus reden, da fehlt eben doch einfach die gewohnte Spritzigkeit, die Spitzheit auch, ha! –

Durcheinander: Skandal! – Das wäre zu Beckenbauers Zeiten nicht vorgekommen! – Mit Sport hat das nichts mehr zu tun! – Goethe! – Ich sage nur: Hölzenbein! – Kick muss her! Oder wenigstens Kaack! – Nobelpreisträger nennt sich das! – Zobel! Haha! –

Sausmann: Und damit, meine Damen und Herren, verabschieden wir uns und geben zurück zu den angeschlossenen Sendern.

Robert Gernhardt

König Fußball

Robert Gernhardt, Schriftsteller, Zeichner und Maler,
verfasste dieses Akrostichon-Sonett in der dunklen Zeit des
Schiedsrichterskandals.
Man beachte die Anfangsbuchstaben!

Kam einst so stolz daher in Purpurfarben!
Ohn' allen Makel Szepter, Kugel, Krone.
Erhobnen Hauptes saß er auf dem Throne
Nach Herrscherart. Auf seinen Wink erstarben.

Im ganzen Lande Handeln, Streben, Hasten.
Gemeinsam ging das Riesenheer Getreuer
Für seinen König samstags durch das Feuer
Und fieberte in Stadien, vor dem Kasten.

Stark schien das Glück. Und musste doch enteilen,
Seit schnöde Schiris, Geier unter Tauben,
Brutal auf Ehrlichkeit und Fairness pfiffen.

Aufklagend hat das Fußballvolk begriffen:
Land unter! Mit ihm Königstreu und Glauben.
Läßt Zeit den Schlag vernarben? Gar verheilen?

Moritz Rinke

Es muss auch ein Herz und eine Seele geben

Moritz Rinke, Autor des Bestsellers „Der Mann, der durch
das Jahrhundert fiel", erinnert sich an eine dramatische Szene
in einem Istanbuler Stadion. Herausgekommen ist dabei
das bemerkenswerte Psychogramm eines Managers, das hell-
seherische Züge trägt.

Eine dramatische Szene über den Niedergang des
FC Bayern
Istanbul, im Mai 2009

*Prolog: Uli Hoeneß, der Manager des FC Bayern, sitzt im
Şükrü-Saracoğlu-Stadion auf der Ehrentribüne beim UEFA-
Cup-Endspiel Werder Bremen gegen Schachtjor Donezk
neben dem damaligen ukrainischen Außenminister Wolodymyr Ogrysko. Hoeneß hat sich die deutsche Meisterschale
umgehängt, solange sie noch im Besitz der Bayern ist, und
schaut missmutig das Finale, denn der VfL Wolfsburg muss
nur noch am Wochenende ausgerechnet Bremen schlagen,
um Deutscher Meister zu werden, und dann wird man
Hoeneß die Schale entreißen. Ab und zu sieht er zu Diego
hinüber, dem Brasilianer, der für Bremen spielt, aber
gesperrt ist und auch auf der Tribüne sitzt.*

Hoeneß: *(Tippt Wolodymyr Ogrysko auf die Schulter)* Hoeneß mein Name, Sie kennen ja Bayern München, den
berühmten FC Bayern. Hier, meine Meisterschale! *(Lacht
etwas bitter, sagt aber nicht, dass er sie wahrscheinlich
nur noch ein paar Tage hat)* UEFA-Pokalfinale, so ein
Schmarr'n. Ich bin hier an Diego dran. Da drüben, Diego!
Den kauf ich gleich für Bayern, UEFA-Pokal, da guck ich
gar nicht hin!

Wolodymyr Ogrysko sieht Hoeneß kurz irritiert an, dann wendet er sich wieder einem Konter von Schachtjor Donezk zu.

Die Meisterschale: Der will lieber Schachtjor Donezk zugucken. *(Die Meisterschale kichert)*
Hoeneß: Sei ruhig! Seit wir in diesem Şükrü-Saracoğlu-Stadion sitzen, redest du!
Die Meisterschale: Wenn mir was auffällt, sage ich das eben.
Hoeneß: *(Wendet sich wieder an Wolodymyr Ogrysko)* Sie kennen doch sicherlich Luca Toni? Luuucca Toni?! Hab ich auch gekauft! Ribéry! Frooonk Ribéry, der König! Klose?? Werder Bremen weggenommen! Bremen! Ha, Bremen! Die sind nur durch Zufall in dieses dumme Finale gekommen! Durch eine Papierkugel! Ein Witz! Donezk gegen Bremen, ein Witz! Als ich einem traurigen Stürmer gesagt habe: Komm zum FC Bayern, da hat der gesagt: Kann ich bei euch auch eine Therapie machen? Klar, sag ich: Bei uns gibt es alles! Sogar Therapie! Geweint hat der, geweint, vor Freude! Wir reagieren einfach auf den modernen Menschen. Wir haben welche in der Mannschaft, die haben seit der EM in Österreich Albträume, die denken seitdem, die Ösis sperren sie in den Keller. Auf so was musst du heute als moderner Manager gefasst sein und reagieren! Stellen Sie sich so was in Bremen vor, da lassen die sogar Spieler ohne Nieren spielen!
Die Meisterschale: *(Leise für sich)* Bitte, lieber Gott, lass Wolfsburg Samstag Meister werden.
Hoeneß: Hast du was von Wolfsburg gesagt?
Die Meisterschale: Ja.
Hoeneß: Du bleibst bei uns. Ich rede nachher mit Allofs. Wenn Bremen in Wolfsburg gewinnt, darf Allofs mein Nachfolger werden. Wirst schon sehen!
Die Meisterschale: Ich will nicht mehr bei Bayern sein.
Hoeneß: Quatsch nicht immer dazwischen! Wir hauen Stuttgart weg, Gurken-Gómez, Gebabbel! Und diese Scheiß-

bremer gewinnen in Wolfsburg. WOLFSBURG! Ein Witz!
Guck dir doch mal die Fans an! Alles VW-Angestellte,
Fließbandarbeiter. Die haben ja nicht mal einen Rathaus-
Balkon! Für eine Meisterschale ist das nichts! Da wirst du
einmal bei Volkswagen hochgehalten und das war's.
Die Meisterschale: Ich will aber trotzdem lieber nach Wolfsburg. Was ihr in Bayern für ein Benehmen habt! Ständig
kommt dieser Rummenigge ins Vereinsheim und grabscht
mich an. Im Mai war's arg schlimm. Manchmal, wenn es
dunkel wird, kommt Seehofer! Oh, oh. Manche machen
Dinge mit mir, da würde man in Wolfsburg oder anderswo
für eingesperrt werden!

Wolodymyr Ogrysko springt auf. 1:0 für Donezk.

Die Meisterschale: Ach schade. Eigentlich bin ich ja Werder-
Fan.
Hoeneß: Hast du 'n Sprung in der Schüssel?
Die Meisterschale: Ist mir ganz egal, was du jetzt mit mir
machst, schlimmer als mit Rummenigge kann's nicht werden. Seit Rummenigge habe ich ein Loch in der Schüssel!
Der Schaaf ist so sympathisch. Der hat mich einfach
stumm in den Arm genommen. Dabei ist er ganz rot
geworden und mit mir an der Weser entlang zum Bremer
Freimarkt gegangen. Und da hat er mir ein Lebkuchenherz
gekauft und es mir umgehängt, ich sage dir aber nicht, was
auf dem Herz stand.
Hoeneß: Wurscht, was auf dem Herz stand! Du kommst nie
wieder nach Bremen! Der Nikolaus war noch nie der
Osterhase. Glaubst du denn, ich zahl diese Horror-Abfin-
dung für Klinsmann und kauf Diego und investier in
Scheiß-Therapien, damit du in Wolfsburg oder an der
Weser … Nix da! Auf dem Oktoberfest werden wir wieder
Weißbier in dich reingießen, das wird eine Gaudi! Die

nächsten Jahre bleibst du bei mir und Rummenigge! Diego, Olic, Özil, Obasi! Ich kauf auch Dzeko! Ibisevic, Salihovic, Novakovic, alle Vics der Liga! Und MESSI!! Da müssen wir die Reservebank verlängern und die anderen Teams brauchen nur noch zwei Klappstühle! *(Krümmt sich vor Lachen)*

Die Meisterschale: Man kann nicht alles mit Geld kaufen. Es muss auch ein Herz und eine Seele geben.

Hoeneß: Du dumme Schüssel!

Plötzlich löst sich die Schale von Hoeneß' Hals und erhebt sich über das Şükrü-Saracoğlu-Stadion. Hoeneß springt auf und drängt Wolodymyr Ogrysko, nach der Schale zu greifen, aber der interessiert sich nur für den UEFA-Pokal. Dann fliegt die Meisterschale von Istanbul nach Wolfsburg. Wer hätte das vor der Saison gedacht. Hoeneß sitzt stumm da.

HG.Butzko

Olympia Schalke

> *HG.Butzko* entdeckt manchmal das Komische in den
> Katastrophen, zum Beispiel wenn Dortmunder (!) Fans mit
> Sonderbussen vom Spiel auf Schalke nach Hause gebracht
> werden.

Wer auch immer behauptet, Fußball sei eine Sportart, bei
der die Beteiligten nur um sich selbst kreisen und nicht
über den Tellerrand gucken, der war im Herbst 2013 nicht
auf Schalke. Dort nämlich gab es die Erfindung fünf neuer
olympischer Disziplinen in einem einzigen Wettbewerb:

Hundertschaftblockeinlauf der Polizei, Pfefferspray-
sprühen am lebenden Objekt, anschließend Doppelpirou-
ette der Einsatzleitung, Eiertanz des NRW-Innenministers
und Zurückrudern der Vereinsführung von Schalke 04.

Was war passiert?

Stellen Sie sich vor, Sie sind Fußballfan und hängen bei
sich im Stadion regelmäßig eine Fahne an den Blockzaun,
auf der eine Sonne zu sehen ist und „Komiti Düsseldorf"
draufsteht. Klingt irgendwie nach „Hä"? Ist es vielleicht
auch. Aber darum geht es jetzt nicht. Stellen Sie sich einfach nur vor, dass diese Fahne da schon öfter hing, noch
nie jemanden gestört hat, in Deutschland auch nicht verboten ist und überhaupt und sowieso kein Thema ist. Und
an dieser Stelle könnte die Geschichte auch schon wieder
enden.

So, und jetzt stellen Sie sich vor, in Ihrem Stadion tanzen plötzlich ein paar Menschen aus Saloniki im Gästebereich einen Sirtaki. Bisken Ouzo im Blut, bisken freier
Oberkörper, bisken Rettungspakete zur Tilgung der Staats-
schulden auf'm Konto, mehr aber auch nicht. Und aber-
mals könnte die Geschichte an dieser Stelle enden.

Und jetzt stellen Sie sich jedoch vor, plötzlich stürmen Polizisten in Ihren Block, sprühen mit Pfefferspray um sich und verletzen etliche Fans. Und warum? Um Ihre Fahne zu entfernen. Denn diese Fahne, so hören Sie zur Begründung, sei volksverhetzend, weswegen besagte Menschen aus Saloniki Ihren Block stürmen wollen. Und damit das nicht passiert, müssen die Polizisten Ihren Block stürmen. Klingt blöd, ist es auch. Vor allem, wenn sich im Nachhinein herausstellt, dass das mit der Volksverhetzung gar nicht stimmt und diese Menschen aus Saloniki nachweislich auch gar keine Anstalten gemacht haben, Ihren Block zu stürmen.

Was nun?

Wäre es nicht nett, wenn der Chef dieser Polizisten eventuell darauf sagte: „Das ist uns jetzt echt unangenehm, aber ich befürchte, wir könnten unter Umständen ein bisschen unverhältnismäßig agiert haben. Sollte das der Fall sein, tut es uns wirklich leid und wir hoffen, es kommt auch nicht wieder vor." Wäre das nicht ein Traum? Eben. Denn stattdessen sagte der Chef dieses Polizeichefs: „Wir haben alles richtig gemacht, und wer das Gegenteil behauptet, muss in Zukunft ohne uns auskommen." Klingt noch blöder und ist es auch. Denn diese Erklärung hat in etwa ein Drohpotenzial, als würden Eltern ihren pubertierenden Kids selber die Entscheidung überlassen, wie lange sie abends in die Disko dürfen. Weswegen besagter Oberpolizeichef auch umgehend eine 180-Grad-Kehrtwende vollzog und diesen blöden Spruch zurücknahm.

Worauf dann auch der Verein Schalke 04 etwas zurücknahm, nämlich seinen Protest gegen den Blocksturm, und lieber gegen einige Fans ein Stadionverbot erteilte. Grund: Sie haben sich mit Tränengas besprühen lassen.

Wir sehen: fünf neue olympische Disziplinen mit allesamt vielversprechendem Potenzial, das für deutsche Olympioniken zu berechtigten Medaillenhoffnungen Anlass geben dürfte. Wenn, ja wenn nicht kurz darauf diese Hoffnungen wieder getrübt worden wären.

Denn jetzt stellen Sie sich vor, ein paar Wochen danach tanzen plötzlich ein paar Menschen aus Dortmund auf den Gleisen eines Bahnhofs herum, behindern den Zugverkehr, gefährden sich und Dritte, lassen dabei sogar den ein oder anderen Gebrauchsgegenstand liegen, bei dem man sagen könnte: „Na, schau mal an, Pyrotechnik. Wozu wird denn so was nur gebraucht?" Worauf die Polizei diese Menschen in Sonderbussen – nein – nicht nach Hause bringt, sondern bis in den Gästebereich Ihres Stadions geleitet. Wie nennt man eine solche Polizei? Richtig, Escort-Service. Wenn das Alice Schwarzer hört!

Was dann passiert, ist inzwischen Legende. Besagte Menschen aus Dortmund zünden Bengalos, zerstören im Block Plexiglasscheiben und schießen Leuchtkugeln in die Besucherränge. Und was macht die Polizei, nachdem sie so eifrig trainiert hatte? Ihr versagen die Nerven, und sie verweigert, wie Ahlerich an Pulvermanns Grab, ihren Einsatz. Das gibt Abzüge in der B-Note für den künstlerischen Teil. Wir sehen, die Ansätze sind da und machen Mut, aber bis zu den nächsten Olympischen Spielen gibt's noch einiges zu trainieren.

Bis dahin: Glück auf.

HG.Butzko

Wäre Uli Hoeneß aufgewachsen in Schalke

HG.Butzko, gebürtiger Gelsenkirchener und Schalker,
nicht Schalke-Fan. Ist bisweilen brutal witzig – so auch, wenn
er fragt: „Was wäre wenn …"

Wenn Leute hören, dass ich aus Gelsenkirchen komme,
fragen sie immer: „Und? Schalke-Fan?" Worauf ich dann
jedes Mal antworte: „Nein. Schalker." Und in das Fragezei-
chen auf der Stirn meines Gegenübers hinein erkläre ich
dann: „Ja, is doch logisch. Schalke-Fans gibt es auf der ganzen Welt, aber Schalker nur im Gelsenkirchener Stadtteil
Schalke. Und in diesem Stadtteil bin ich aufgewachsen.
Deswegen bin ich nicht nur Schalke-Fan, sondern vor
allem Schalker. Und das hat mich geprägt. Mit anderen
Worten: Was Konrad Lorenz für die Gänse is, is Schalke
für mich."

Was für eine Prägung bekommt man nämlich, wenn
man im Stadtteil Schalke aufgewachsen ist? Ganz einfach.
Alle Jungen in Schalke wollen Fußballspieler werden. So
auch ich. Als ich acht Jahre alt war, meinten meine Eltern
jedoch, ich solle Musiker werden, und schickten mich zum
Geigenunterricht. Also ging ich einmal die Woche mit
einem Geigenköfferchen unterm Arm zu Fuß zur Straßen-
bahnhaltestelle. Und zwar im Stadtteil Schalke. Meine
Kumpels standen währenddessen mit 'nem Ball unterm
Arm an der Ecke. Und ihr wisst ja, Kinder können grau-
sam sein. Sprüche musste ich mir damals anhören, ich
mach's kurz: Wäre André Rieu in Schalke aufgewachsen,
der Welt wäre einiges erspart geblieben.

Und so wurde ich geprägt. In einer Malochergegend mit
hoher Arbeitslosigkeit. Beim letzten Spiel Schalke 04 gegen
VfB Stuttgart rief mir ein Stuttgart-Fan zu: „Ich hab Arbeit

und du nicht." Worauf ich zurückgerufen hab: „Du hast Arbeit. Ich hab Geld …" Was zwar nur ein Witz war, aber zumindest wie aus der Pistole geschossen kam. Wie auch mein Nachsatz: „… und einen überirdischen Hauptbahnhof." So was fällt einem ein, wenn man in Schalke geprägt wurde. Wäre Deutsche-Bahn-Chef Grube in Schalke aufgewachsen, der Welt wäre einiges erspart geblieben.

Und im Stadtteil Schalke hat mein Opa früher sogar noch höchstpersönlich unter Tage gearbeitet. Mein Opa wusste also noch, wie man mit ehrlicher Arbeit an Kohle kommt. Das hat mich geprägt. Wäre Uli Hoeneß in Schalke aufgewachsen …

Und mein Opa hat damals auch immer so Sachen gesagt wie z. B.: „Man soll das Fell des Bären nicht verkaufen, bevor man ihn erlegt hat", oder: „Bäume wachsen nicht in den Himmel." Was nichts anderes hieß als: Mit Einnahmen kalkulieren, die noch nicht auf dem Konto sind, funktioniert nur, wenn man so blöd ist, Wachstum für unendlich zu halten. Wäre das Bundesfinanzministerium in Schalke aufgewachsen …

Und deswegen hat mein Opa abends in der Kneipe auch immer sofort seine Zeche bezahlt. Der hat nicht anschreiben lassen. Der hat keinen Deckel gemacht. Mein Opa wusste noch, wie man eine Wirtschaft ohne Schulden hinterlässt. Wäre der Verein Schalke 04 in Schalke aufgewachsen …

Lutz von Rosenberg Lipinsky

Investor des Monats

Lutz von Rosenberg Lipinsky, Kabarettist und Comedian,
schreibt seit 2006 Fußball-Kolumnen für das „Hamburger
Abendblatt", den „Berliner Kurier" und den „Kicker".
Bekennender Fan von Arminia Bielefeld

Es ist schon ein Kreuz mit dem Geld. Das wissen nicht nur
die Kirchen. Das hat sich jetzt auch zu den großen deutschen Fußballklubs herumgesprochen. Insbesondere zum
Branchenprimus aus München. Dieser Klub ist bekanntlich
in vielerlei Hinsicht führend, vereint er doch beispielsweise
in seinem Gemeinwesen nahezu das gesamte deutsche
Vorstrafenregister: Ehebruch, Steuerhinterziehung, Brand-
stiftung, Missbrauch Minderjähriger und, ja, sogar
Schmuggel.

Apropos Kalle Rummenigge: Der Mann kommt aus
dem schönen Lippstadt an der langen Lippe und ist der
Bruder des gleichnachnamigen Kickerhalleninhabers aus
Münster-Hiltrup. Der Kalle jedenfalls war während seiner
sogenannten aktiven Zeit für seine strohblonden Haare
bekannt sowie für seine kreisförmige Beinanordnung.
Heute ist er der Vorstandsvorsitzende der FC Bayern München AG. Unbestrittener deutscher Rekordmeister. Und
dennoch fühlt Rummenigge sich irgendwie … mittellos.
Zurückgeblieben. Ausgebremst. Er lamentiert mindestens
zweimal im Jahr über die schreckliche Verarmung seiner
Aktiengesellschaft. Der Kalle befürchtet, dass der Kontakt
von Spitzenreiter Bayern zur eigentlichen Spitze abreißen
und sein Verein über kurz oder lang einfach abgehängt
werden könnte. Warum? Klar: Seiner Meinung nach haben
die Bayern einfach zu wenig Geld. Andere Klubs haben
Wettanbieter, Russen oder Computerfritzen hinter sich,

gewissermaßen als Backup. Oder sind in Spanien, England oder Italien angesiedelt und haben für Rummenigge damit ohnehin alle Freiheiten.

Die Bayern haben nur sich selbst. Normalerweise stört sie das nicht – sie haben eine eigene Landespartei, die im Bundestag vertreten ist. Sie sind die einzigen mit richtigen Bergen. Und sie haben ein eigenes Schulsystem, das ausschließlich Hochbegabte hervorbringt. Aber manchmal fühlen sie sich doch einsam. Auf ihrer Spitze ist es zugig. Kurz und gut: Der schmallippige Kalle will für seinen Club auch einen Großinvestor haben dürfen. Jemanden, der ihm Geld zuschießt, der ihn aber trotzdem machen lässt, was er will. Er möchte sozusagen finanziell versorgt sein und doch alle Freiheiten haben. Eine überzogene Wunschvorstellung, die er aber mit dem Wurshersteller aus dem eigenen Verein teilt. Der Hoeneß fährt ja auch regelmäßig aus seiner Haut. Oder nennt man das bei ihm Pelle? Auch der bezeichnet seinen Verein immer wieder als betrogen, hintergangen, verfolgt. Das mögen wir einfachen Fans und Steuerzahler. Wir sind es zwar, die wirklich betrogen und hintergangen werden – aber es tröstet uns, wenn die Spitzenreiter sich wenigstens auch mal so fühlen.

In Hannover ärgert man sich ebenfalls über den Risikofaktor, den man Sport nennt. Da verliert man nämlich manchmal. Und der Präsident der 96er, obwohl, der scheint ja unabwählbar zu sein, also der ewige Kind-Kaiser, will die 50+1-Regel gegen Investoren ja schon lange abschaffen. Er erhofft sich von Geldspritzen ebenfalls eine aphrodisische Wirkung auf seine Mannschaft, die aber nicht unter Doping fallen würde. Wie in Wolfsburg, Leverkusen – oder bei den Spielfreunden Hoffenheim 14–18 oder wie auch immer sie sich gerade nennen. Da versucht ja nun seit Längerem ein großer Softwarehersteller, sportlichen Erfolg zu programmieren, und hat dazu seinen

Jugendklub in die Bundesliga gekauft. Jahrzehntelang hat man gerätselt, wie man nach oben kommt. Dreierkette oder Viererkette, deutsche Talente oder abgehalfterte Weltstars, flache oder hohe Raute, klassischer Zehner, Ausputzer … Wie bringe ich meinen Verein nach vorn? Jetzt ist das Geheimnis gelüftet: Erfolg ist planbar. Geld schießt eben doch Tore. Inves-tore.

Das ändert alles. Also muss der DFB seine Trainerausbildung umstellen. Statt auf Spieler- geht man jetzt auf Investorensuche. In Zukunft werden die Vereine ein ganz neues Scoutingsystem entwickeln und Sponsorenspäher auf die CeBIT schicken, um frühzeitig kommende Weltfirmen langfristig an sich zu binden.

Völlig inakzeptabel ist es daher auch, wenn Fans Investoren und Mäzene verhöhnen oder sich gar kritisch über sie äußern. Womöglich durch sogenannte „Schmähgesänge" oder dergleichen. Wer in Deutschland sein „Geld ehrlich verdient" (Zwanziger über Hopp) hat, hat damit offenbar auch das Recht erworben, keine anderen Meinungen mehr hören zu müssen als seine eigene.

Angesichts der Gleichgültigkeit, die auch viele Spieler ihren Anhängern gegenüber an den Tag legen, ist es da nur konsequent, wenn der professionelle Sport komplett getrennt würde von den Fans und Zuschauern. Wenn sich die Reichen eine eigene Liga halten, quasi Managerliga, wo sie einfach Fußballer hin- und herschieben, ein- und auswechseln nach Belieben, kurz: ihr eigenes Mütchen kühlen.

Sollen sie doch ihrem affigen Unbesiegbarkeitstraum hinterherlaufen. Der Fußball, den wir sehen wollen, sieht anders aus. Der ist nicht planbar. Da verliert man auch mal. Und das ist nicht nur nicht schlimm – das macht sogar den Reiz aus!

Frank Goosen

Richtig schick machen

Frank Goosen, Solokabarettist und Romanautor. Seine
Themen sind neben den Befindlichkeiten seiner Generation
das Ruhrgebiet, die Menschen im „Pott" und der Fußball.
Er ist bekennender Bochum-Fan.

Bei meinen Bühnenveranstaltungen kommt es bisweilen zu
Missverständnissen. Manchmal passen Künstler und Publikum nicht so recht zusammen. Im klassischen Kabarett-Theater kann es sein, dass die Menschen vor allem Politisches erwarten, also dass der Protagonist auf der Bühne in
zwei Stunden sämtliche Probleme des Landes anspricht,
durchdiskutiert – und löst. Die Männer haben das Jackett
wie Rolf Hochhuth nur mal schnell über die Schultern
geworfen und balancieren ein Glas Rotwein in den Saal. Da
weiß ich dann: Das wird schwer! Für mich – und für die!

Im Hofgarten-Theater in Aschaffenburg hatte ich
jedoch mal eine Vorstellung, da saßen in der ersten Reihe
keine Jackett-Träger, sondern drei Jungs in Trikots des FC
Schalke. Statt „Guten Abend" sagte ich: „Ich kann so nicht
arbeiten!" – und ging wieder ab. Darauf sangen die drei:
„Schalke ist der geilste Club der Welt!" Das konnte ich so
natürlich nicht stehen lassen, ging zurück und lieferte mir
mit den drei einen etwa fünfminütigen verbalen Schlagabtausch, nach dem dann auch den Rotweinsäufern im
Publikum klar war, in welche Richtung sich dieser Abend
entwickeln würde.

Bei meinem nächsten Auftritt im selben Theater waren
nicht nur die drei Schalker wieder da, sondern auch ein
schon vor der Vorstellung herzhaft betrunkener Bochumer,
außerdem Anhänger von Eintracht Frankfurt, Kickers
Offenbach, Mainz 05 und sogar Darmstadt 98 und Hessen
Kassel. Alle in Trikots!

Oder nehmen wir Heidelberg: Da hatte der Veranstalter für alle Anwesenden zur Voraussetzung gemacht, dass sie in Fußballtrikots erscheinen. Hatten auch alle brav gemacht. Bis auf einen, den ich dann irgendwann von der Bühne herunter fragte, wieso er denn von der Kleiderordnung abweiche. Er gab zurück, dass er Fan des 1. FC Kaiserslautern sei und nur ein einziges Trikot gehabt habe, nämlich eines aus der Saison, in welcher der FCK als Aufsteiger direkt Deutscher Meister geworden sei. Und genau dieses Trikot habe die Frau, von der er sich kürzlich getrennt habe, als Racheakt verbrannt! Die Empörung im Saal schlug hohe Wellen. Es wurde erwogen, dieser Frau jetzt sofort einen Besuch abzustatten. Ich fragte den Trikotlosen, wie er denn auf diesen niederträchtigen Akt reagiert habe. Darauf sprach er breit grinsend: „Ich habe alle ihre anderen Klamotten verbrannt!"

Nach der Vorstellung kam es dann noch zu einem regelrechten Bambi-Moment. Ein anderer Lauterer-Anhänger stellte sich vor und eröffnete dem Brandstiftungsopfer, er habe noch ein Trikot aus jener Saison, das könne der andere gerne haben. Gleich darauf lagen sich zwei Männer weinend vor Glück in den Armen und bewiesen mal wieder, dass das Frauen-Vorurteil, Männer könnten keine Gefühle zeigen, nicht stimmt. Sie sprechen uns nur oft auf die falschen Dinge an.

Angeblich werden ja die Männer abends immer nur von ihren Frauen gezwungen, ins Theater zu gehen. Für meine Veranstaltungen gilt aber wohl das Argument: Komm mal schön, bei dem kannst du dich auch richtig schick machen!

Arnd Zeigler

Die Attacke der Killer-Anzeigetafel

Arnd Zeigler moderiert seit 2007 seine eigene Sendung
„Zeiglers wunderbare Welt des Fußballs" im WDR-Fernsehen.
Er ist Stadionsprecher im Bremer Weserstadion und
„lebenslang grün-weiß" verbunden. Seine Glosse geht der
Frage nach, warum der Fan nach dem Spiel groggy
nach Hause wankt. Am Spiel hat's jedenfalls nicht gelegen.

Schon vor vielen Jahren, als ich noch klein war, habe ich
das Phänomen „Anzeigetafel" nicht verstanden. Damals
stand dort eigentlich immer nur, in welchem Stadion man
sich gerade aufhielt, wer gegen wen spielte und wie es
stand. Und wenn es schon irgendwie stand, dann standen
da auch noch die Torschützen. Von heute aus gesehen
muss man wohl sagen: Die Stadion-Anzeigetafel steckte
noch in ihren Kinderschuhen. Dass diese Füße einmal der-
art groß werden würden, ahnte niemand.

Damals stand da etwa, um nur mal ein Beispiel zu nennen: „ALLOFS ALLOFS ALLOFS". Ich habe Allofs dieses
Erfolgserlebnis von Herzen gegönnt, aber dennoch nicht
kapiert, wofür man diese Tafel brauchte. Falls man mitten
im Spiel vergisst, wer gegen wen spielt? Falls man beim
Bratwurstholen Jubel aufbranden hört und zu doof ist,
nach der Rückkehr einen Nichtbratwurstholer zu fragen,
was passiert ist? Falls man mitten im Spiel nicht mehr ganz
sicher ist, ob man nun 3:0 führt oder 0:3 zurückliegt? Oder
falls man gerade nicht drauf kommt, ob man im „Olym-
piastadion München" ist oder in einem belgischen Seebad?

Die Jahre brachten Licht ins Dunkel dieser meiner kind-
lichen Grübeleien. Anzeigetafeln wurden qualitativ besser
und immer aufwendiger. Mit den heutigen Modellen
könnte man technisch gesehen bestimmt auch eine Mond-
landung durchführen, theoretisch. Vor allem aber heißen

sie jetzt „Videowall" statt „Anzeigetafel" und können eines ganz besonders gut: Firmennamen einblenden.

Nun kann man freilich nicht nur einfach fantasie- und kommentarlos „Inas Mode-Tenne", „Sanitäreinrichtungen Lübkemann" oder „Rump & Schmohel" auf die Leuchtwand werfen. Worauf es ankommt, ist, Einblendungen zu *verkaufen*. Jemand zahlt also Geld dafür, dass „Rump & Schmohel" auf der Videowand erscheint. In diesem konkreten Fall zahlt entweder Rump oder Schmohel. Weil aber Fans mit der Einblendung „Rump & Schmohel" weniger anfangen können als mit der Einblendung „ALLOFS" (die Allofs übrigens grundsätzlich gratis bekam), werden diese Werbeeinblendungen mit bestimmten Programmpunkten verknüpft. „Rump & Schmohel" können zum Beispiel super die Halbzeitergebnisse präsentieren. Oder das Eckballverhältnis.

In Bremen knöterte früher bei Ecken ein imposantes Schiff diagonal über die Videowand. Reederei-Werbung. Falls jemand im Stadion dringend Reedereibedarf hatte. Wer das eigenartig gefunden haben sollte, muss schleunigst über den Tellerrand hinausblicken. Bestimmt reicht sein Auge bis Hannover, vielleicht sogar bis Stuttgart (ganz weit weg vom nördlichen Tellerrand). In Hannover habe ich unlängst beobachten können, dass dort nicht nur das Eckballverhältnis „versponsert" wurde, sondern auch absolut unwirkliche Dinge. Eine Biermarke präsentiert den „Karacho-Tacho", der sich dadurch auszeichnet, dass er völlig sinnfrei die Geschwindigkeit jedes beliebigen Schusses misst. Und zwar nicht nur wenn Tarnat mit 110 Sachen aus 30 Metern losknallt, sondern auch wenn Rump nur einen harmlosen Roller zustande bringt oder Schmohel ins Gras tritt, dass die Fetzen fliegen. Dann läuft das Spiel weiter, aber wenn man sich gerade über den nächsten Angriff freut, blinkt grell „KARACHO-TACHO" auf der Wand dazwischen und es wird noch einmal gezeigt, wie Schmohel die Rasendecke umpflügt. Anschließend verkündet die Bierfirma euphorisch, dass der Schuss auf dem „KARACHO-TACHO" eine Geschwindigkeit von 24 km/h erreicht hat. Donnerwetter.

Eigentlich möchte man viel lieber auf das Geschehen im Strafraum der 96er achten, aber der Geist ist schwach, und so starrt man gegen seinen Willen das Gestümper von „Rump & Schmohel" auf der permanent flackernden Videowand an. So geht es munter weiter. In Hannover präsentiert eine Firma sogar „die aktuelle Mitgliederzahl", und zwar pausenlos. Einzige Erkenntnis dieser eminent wichtigen Mitteilung: Zwischen der 22. und der 40. Minute ist kein neues Vereinsmitglied hinzugekommen.

Zu einem unglaublichen Highlight kam es einmal – und das denke ich mir jetzt nicht aus! –, als Werder Bremen einen nicht ganz unumstrittenen Elfmeter zugesprochen bekam: Auf der Videowand leuchtete in Weiß auf Schwarz www.todesanzeigen.de auf. Ich schwöre, so war es!

Bei Computerspielen muss schon seit vielen Jahren eine routinemäßige Epilepsie-Warnung im Booklet stehen, weil das Geflimmer im dümmsten Fall einen neuen Schub auslösen kann. Ich komme hier auf dieses bestürzende (fußballferne) Thema, weil ich bei einem Stuttgart-Besuch spontan an diese Epilepsie-Warnung denken musste. Im Schwabenländle gibt es nicht nur Karacho-Tachos, gesponserte Eckballverhältnisse und Todesanzeigen, bezahlte Mitgliederzahlen-Einblendungen oder von Küchenstudios präsentierte Zuschauerzahlen. In Stuttgart gibt es Brachial-Farbgeballer nonstop. Wenn eine Einblendung vorbei ist, kommt sofort die nächste, und wenn das Küchenstudio dran war, flackert übergangslos eine Gebäudereinigungsfirma auf, gefolgt von einem Schlüsseldienst. Neunzig Minuten lang. *Flacker – blitz – flacker – aufleucht – flacker.*

Am Ende hat man womöglich einem tollen 4:4 beige-
wohnt, ist aber völlig traumatisiert durch das Geflacker
und sieht auch mit geschlossenen Augen nur noch fluores-
zierende Spiralen vor sich. Vollkommen groggy wankt man
nach Hause.

Für die Gästefans tut einem das ein bisschen leid. Die
schwäbischen Fußballfreunde dagegen finden das gar nicht
so schlimm. Zum einen haben sie sich an die psyche-
delischen Farborgien in ihrem Stadion notgedrungen
gewöhnen müssen. Und zum anderen wünschen sich viele
in etwas weniger erfolgreichen Zeiten statt eines durch-
schnittlichen Heimspiels ohnehin lieber einen zünftigen
Anfall.

Manni Breuckmann

Kerzen spenden für den Auswärtssieg

Manni Breuckmann kommentierte schon während seines Studiums Fußballspiele. Das machte er bis 2008 so leidenschaftlich, dass er zu „der" Fußballstimme am Samstagnachmittag wurde. Seither schreibt er Krimis, moderiert Sendungen und schreibt Texte wie diesen über die Zukunft des Fußballs.

Okay, ich fange mit einem einschneidenden Negativerlebnis an. Dann ist das schon mal vom Tisch. Am 4. Mai 2011 um die Mittagsstunde betrat ich die Kathedrale von Manchester, ein imposantes spätgotisches Bauwerk mit wunderschönen Mosaikfenstern. Ich begab mich unverzüglich zu dem aus Stahl geschmiedeten Gestell, auf dem zur Beförderung diverser Angelegenheiten Kerzen gespendet werden können. Auch die anglikanische Kirche unterstützt diesen sinnvollen Brauch, was mich sehr beeindruckte.

Ich muss zugeben, dass ich in diesem Fall mit dem Entzünden der Kerze einen extrem schwierigen Wunsch verband. Hatte der ruhmreiche FC Schalke 04 das Hinspiel im Halbfinale der Champions League doch mit 0:2 verloren. Wegen der zahlreichen erfolgreichen Kerzenspenden in der Vergangenheit war ich dennoch guten Mutes. Der verging mir allerdings im Verlauf des Europapokal-Abends gründlich. Denn die Schalker ließen sich mit 1:4 das Fell über die Ohren ziehen. Ich habe das Stadion damals schon nach dem vierten englischen Tor, eine Viertelstunde vor Abpfiff, verlassen.

Bis heute rätsele ich, was ich damals falsch gemacht habe. Funktioniert die Unterstützung der eigenen Mannschaft nur in katholischen Gotteshäusern? Störte die Ansammlung lärmender und schon mittags angetrunkener blau-weißer Fans zweihundert Meter von der Kathedrale

entfernt? Empfanden es die Adressaten meiner Aktion als
anmaßend, dass ich mich von einem Kumpel mit der bren-
nenden Kerze in der Hand fotografieren ließ?

Andererseits: Die Kirche in Manchester ist unter anderem der Jungfrau Maria geweiht, und über meinen Vater,
der von der Marienverehrung fasziniert war, habe ich
schon immer einen guten Draht zur Mutter des Herrn
gehabt.

Der entscheidende Grund für den Kerzenfehlschlag
könnte auch der private Charakter meiner Fußballreise
gewesen sein. Ich war 2011 schon nicht mehr am WDR-
Mikrofon, vielleicht gehört die Autorität des offiziellen
Berichterstatters mit zum Erfolg der Kerzenmission.

Sie merken: Ich wollte das Desaster von Manchester
schnell abhaken, zermarterte mir aber dennoch mein Hirn
auf der Suche nach dem entscheidenden Fauxpas. Das
musste ich aber überhaupt nicht, denn die Zahl der Erfolge
bei Auswärtsspielen ist Legion. Der größte ist eindeutig
mein Besuch im Dom zu Mailand am 21. Mai 1997. Die
sogenannten Eurofighter von Schalke standen im UEFA-
Pokal-Finale, das damals noch in zwei Spielen ausgetragen
wurde. Schalke hatte das Hinspiel mit 1:0 gewonnen, tradi-
tionell eine sehr wackelige Brücke zum finalen Sieg bei
Hin- und Rückspiel.

Schon mittags hatte sich auf dem Mailänder Domplatz
eine schier unüberschaubare Menge von blau-weißen Fans
versammelt. Am Ende waren deutlich mehr als zwanzig-
tausend im Giuseppe-Meazza-Stadion. Als ich die impo-
sante gotische Kirche betrat – nach dem Petersdom und
der Kathedrale von Sevilla die drittgrößte Kirche der
Welt –, wimmelte es dort vor Schalkern. Aber nur drei
oder vier taten das, wozu ich an diesen heiligen Ort
gekommen war. Wie immer bei Auswärtsspielen hatte
ich das Bedürfnis, und ich entschuldige mich bei allen

gläubigen Lesern, in der Höhle des Löwen denselben durch eine simple Kerze bändigen zu wollen. Aber hilft nicht der liebe Gott gerne den Schwachen? Und die Gastmannschaft zählt oft zu den Mühseligen und Beladenen!

Während ich die Kerze entzündete, bekam ich aus den Augenwinkeln einen peinlichen Vorfall mit. Charly Neumann, der legendäre Mannschaftsbetreuer der Schalker, war mit der blau-weißen Traditionsfahne in der Kirche erschienen und wollte auf diese fromme Art die Knappen auf ihrem schweren Weg unterstützen. Das stieß auf den Widerstand eines zu allem entschlossenen Kirchenmannes aus der Schweiz, der keine fremden Fahnen im Dom duldete und Charly Neumann sehr bestimmt nach draußen beförderte. Ich hingegen ließ mich nicht irritieren, und siehe da, es half auch dieses Mal.

Inter Mailand ging zwar in der 85. Minute mit 1:0 in Führung, aber nach der Verlängerung setzte sich Schalke im fälligen Elfmeterschießen durch. Kein Blau-Weißer wird den Elfmeterkiller Jens Lehmann und den entscheidenden Elfer von „Kampfschwein" Wilmots vergessen. So wurde auch dieses Spiel zum Triumph des Spirituellen, und ich lege Wert auf die Feststellung, dass ich beileibe nicht nur Schalke 04 in die richtige Spur gebracht habe. Die Dortmunder Erfolge im Europapokal in den Neunzigern und der Weg Leverkusens bis zum Champions-League-Finale 2002 wären wahrscheinlich ohne bestimmte rituelle Handlungen meinerseits im Ansatz stecken geblieben.

Gegen den Einsatz von leuchtenden Kerzen in sakralen christlichen Bauten verblasst der Einsatz sämtlicher anderer mystischer Beeinflussungsmethoden. Afrikanische oder südamerikanische Mannschaften neigten beispielsweise früher dazu, Amulette in den Strafräumen zu verbuddeln. Ich selber habe beobachtet, wie kamerunische Betreuer vor dem WM-Spiel gegen Italien im nordspani-

schen Vigo so verfuhren. Mehr als ein immerhin beacht-
liches 1:1 gegen den italienischen Favoriten haben sie
damit nicht erreicht. Und auch das Ausscheiden Kameruns
in der Vorrunde konnte per Amulett nicht verhindert werden.

Die Praxis der Kerzenspende, verbunden mit dem
festen Glauben an den Erfolg, ist allerdings in den letzten
Jahren signifikant gefährdet. Vor allem in den Mittelmeer-
ländern, aber nicht nur dort, kommen die Wachs- oder
Stearin-Stifte zunehmend aus der Mode. In immer mehr
Kirchen wirft der Spender ein Geldstück in den dafür vor-
gesehenen Schlitz und muss entsetzt miterleben, wie als
Gegenleistung ein armseliges Glühbirnchen aufleuchtet.
Offensichtlich installiert aus der vollkommen unbegründe-
ten Furcht vor Feuer im Dom. Was sollte da brennen? Vielleicht ein Beichtstuhl? Oder die Kirchenbänke? Da lässt
sich doch wohl genügend Abstand zu den Kerzen schaffen.
Denn eines steht fest: Erbarmungswürdige Glühbirnen eignen sich auch nicht ansatzweise, um Fußball-Auswärts-
spiele in die richtige Richtung zu lenken. Da ist der Vatikan
gefragt, wahrscheinlich sogar der Heilige Vater selbst, um
diese modernistische Unsitte wieder aus den Gotteshäusern zu verscheuchen.

HG.Butzko

Wie Gandhi gegen die Bayern!

HG.Butzko malt sich analytisch scharf ein Szenario aus,
das jedem Schweißperlen auf die Stirn treibt: Was würde
geschehen, wenn Bayern München unschlagbar wäre …

Der FC Bayern München ist ja mittlerweile nicht nur in
den Sparten Fußball, Festgeldkonto und Triple-Titel der
bislang erfolgreichste Verein seit Gründung der Bundesliga, sondern auch weil man den Kader mit einem gewissen Herrn Guardiola (Achtung Wortwitz!) aufgepept hat.
Dadurch ist der Rekordmeister inzwischen so dermaßen
unschlagbar, dass ein Trainingsspielchen zwischen A-Team
(Meisterschaft) und B-Team (Pokalsieg) die größte Heraus-
forderung für die Mannschaft darstellt und der Supercup
konsequenterweise demnächst einfach sonntagvormittags
an der Säbener Straße ermittelt werden sollte.

Da stellt sich natürlich für ganz Fußballdeutschland die
Frage, wie man diese Übermacht eigentlich stoppen soll.
Und jedes Mal lautet dann die Antwortet „Puh!" oder
„Pffft!" oder: „Dagegen kann man nix machen!"

Zugegeben, das klingt beim ersten Hinhören dezent
nach Resignation, spätestens aber wenn man in diesem
Satz noch eine andere Bedeutung entdeckt, könnte darin
die Lösung aller Probleme liegen: „Gegen die Bayern einfach nichts machen!" Oder mit anderen Worten: passiver
Widerstand. Unter dem Motto: Wie Gandhi gegen die
Bayern!

Man stelle sich einfach Folgendes vor: Die anderen 17
Bundesligavereine verkünden in einer gemeinsamen Pres-
sekonferenz: „Wir erklären hiermit feierlich, dass wir die
nächsten zehn Jahre in allen Spielen gegen die Bayern auf
jegliche Angriffsbemühungen verzichten. Und außerdem
immer mindestens 27 Eigentore schießen. Wir schenken

dem FC Bayern München einfach die nächsten zehn Meisterschaften mit 102 Punkten und 3976 zu 0 Toren. Und den DFB-Pokal gibt's noch gratis oben drauf."

Wer jetzt denkt: „Wie doof ist das denn?", hat die Gesetze der Marktwirtschaft nicht richtig verstanden. Auf die Frage „Warum gehen die Leute zum Fußball?" antwortete Sepp Herberger einmal: „Weil sie nicht wissen, wie es ausgeht." Und wenn man aber in den nächsten zehn Jahren bei allen Spielen des FC Bayern München weiß, wie es ausgeht, wer geht dann da noch hin? Eben. Niemand! Und welcher Sender will solche Spiele dann noch übertragen? Richtig. Keiner! Und welche Firma will dann so einen langweiligen Club noch sponsern? Audi? Adidas? Gazprom? Gut, vielleicht die Telekom, denn die ist ja jetzt schon langweiliger, als es der FC Bayern jemals werden kann.

Aber auf alle Fälle würden die Einnahmen des Branchenprimus rasant Richtung 0 Euro tendieren, und binnen kürzester Zeit wäre Bayern München das Alemannia Aachen des Südens: abgebrannt in der 4. Liga. Und wenn dieser Zustand erreicht ist, dann … wiederholen wir das mit Borussia Dortmund. Bis dahin: Glück auf!

Christoph Nagel

Fußball auf Rezept (ein offener Brief)

> *Christoph Nagel*, Historiker und Redakteur der offiziellen
> Stadionzeitung des FC St. Pauli, Mitautor des Jubiläumsbuches
> „100 Jahre FC St. Pauli", fragt nach: Was tun, wenn Freude
> zu einer Riesenwelle wird, wenn Fußball „traumisiert" und
> das Stammhirn angreift?

Sehr geehrter Herr Bundesgesundheitsminister,

ich muss Sie dringend auf etwas aufmerksam machen. Da
wildert jemand in Ihrem Revier.

Seit Jahrzehnten tut Ihr Kollege Innenminister so, als
wäre er für den Fußball zuständig. Das ist Mumpitz. Der
Fußball sollte einzig und allein Ihr Ding sein. Und außerdem rezeptpflichtig. Ich kann das beweisen.

Sehen Sie: Ich bin Anhänger des FC St. Pauli. (Ich weiß,
das ist bekloppt und wir gewinnen sowieso nie was, aber
lassen Sie mich bitte erst zu Ende erzählen.) Ich bin also
Anhänger des FC St. Pauli, und letzten Freitag hatten wir
ein Heimspiel gegen den FSV Frankfurt.

Ohne irgendeinen Frankfurter beleidigen zu wollen: an
sich kein Anlass für übermäßige Aufregung. Mehr so wie
Kommunalwahlkampf mit der FDP; Sie werden verstehen,
was ich meine. An diesem ganz bestimmten Freitag war
das aber anders – was mit der Vorgeschichte zu tun hat.

Am Montag derselben Woche nämlich hatte ein Wahn-
sinniger das Millerntor gekapert. Er trug ein Schiedsrich-
terkostüm und gab vor, die Partie leiten zu wollen. Volle 90
Minuten rannte dieser bedauernswerte Mann unbehandelt
in der Gegend herum und wedelte hilflos mit bunten Karten.

Das Ende vom Lied: Tor und Punkte für den Gegner;
Bluthochdruck, Rachenentzündung und zwei Platzverwei-

se für uns. Ein Stück aus dem Tollhaus! Schon da hätten Sie handeln müssen, Herr Minister, schon da.

Doch vier Tage später kam es noch dicker: das nächste Heimspiel, jetzt also gegen Frankfurt. Wegen Montag kamen die Leute schon angefressen ins Stadion. Sie hatten den Frust satt und hungerten nach Gerechtigkeit. Und weil immer nur 11 spielen können, mussten die übrigen 25 989 die Gerechtigkeit eben herbeischreien.

Von überall Anfeuerung! Schlachtrufe! Gesänge! Eine Tribüne forderte die andere, es ging durch Mark, Bein und Seele. (Ich schreibe dies übrigens aus Blickrichtung der sogenannten Gegengerade. Das ist eine Neubausiedlung im Osten des Millerntor-Stadions, in der ich ein kleines Stehplatzgrundstück gemietet habe.)

Und dann noch drei Tore. Drei Tore! Und keines für die anderen!

Vielleicht finden Sie ja Bayern oder Dortmund gut, da passiert so was ja laufend. Aber am Millerntor: Wahnsinn. Da ist man solche Euphoriepegel nicht gewöhnt. Da geht das direkt über die Augen ins Blut und ab ins Stammhirn. Das geht rappzappzapp, ein Lidschlag ist ein abendfüllender Spielfilm dagegen.

Obwohl die Tore alle von demselben Spieler waren: Durch den unglaublichen Budenzauber auf den Rängen entstand bei nicht wenigen das Gefühl, den Ball höchstpersönlich ins Netz geschrien zu haben.

Wenn Sie wissen wollen, wie sich so was anfühlt, stellen Sie sich am besten einen Katastrophenfilm vor. Irgendwas mit Überschwemmung. Nur dass Sie eben keine abknickende Palme sind oder ein kenterndes Schiff. Nein: Sie selbst sind die Welle. Sie, ein harmloser Bundesgesundheitsminister, bilden mit 26 000 anderen Tropfen eine gewaltige gut gelaunte Riesenwelle und überfluten Frankfurt. Einfach so. Weil Sie's können.

Einmal Naturgewalt sein! Ich frage Sie, Herr Minister: Haben Sie eine Ahnung, was solcher Größenwahnsinn im Seelenhaushalt eines Durchschnittsbürgers anrichtet?

Zumal nach Abpfiff noch lange nicht Schluss war. Der ganze Stadtteil: ein Grinsefest, und ich mittendrin. Grinsend Bier trinken. Grinsend Wurst essen. Grinsend nach Hause. Grinsend ins Bett.

Am nächsten Morgen bin ich immer noch grinsend aufgewacht. Meine Mundwinkel da, wo früher die Ohrläppchen waren. Per-ma-nent. Wie ein Hexenschuss im Gesicht: starke Bewegungseinschränkungen im äußeren Mundwinkelbereich.

Versuchen Sie mal, so Ihren Alltag zu bewältigen! Schauen Sie: Ich bin kein Teenager mehr, ich bin 55. Seit mindestens 1910 bin ich Dauerkartenbesitzer des FC St. Pauli. Schon das sollte Ihnen sagen, dass ich den Ernst des Lebens kenne, und normalerweise sieht man mir das auch an. Aber jetzt?

Meine Friseurin erkennt mich nicht mehr. Sie siezt mich und will mir eine Dauerwelle aufschwatzen. Der Gemüsehändler lässt mich nicht mehr anschreiben. Der Zeitungsmann will mir Reiseführer andrehen. Und wenn ich beim Stammkneipenwirt „das Übliche" bestelle, sagt der nur: „Hä?"

Ich bin bis zur Unkenntlichkeit zer-freut. Wahrscheinlich ist es das, was die Leute meinen, wenn sie von der hässlichen Fratze des Fußballs sprechen.

Das ist doch kein Leben! Herr Bundesgesundheitsminister, ich habe am eigenen Leibe erlebt, was der Fußball mit den Menschen machen kann. Er macht gefährlich glücklich, ja mehr noch: Er traumisiert. Traumisiert, verstehen Sie?

Nie war ich einer gefährlicheren Droge ausgesetzt. Und mein Schicksal ist nur eines von Millionen. Denn irgendetwas sagt mir: In anderen Städten könnte Ähnliches passieren.

Darum appelliere ich an Ihre politische Vernunft, Herr Minister: Dieses Teufelszeug darf nicht länger von Laienhänden verabreicht werden. Machen Sie den Fußball rezeptpflichtig, JETZT!

Ich bedanke mich für Ihre Aufmerksamkeit.

Mit grinsenden Grüßen
Ihr Gerhard von der Gegengerade

Wisst ihr, was das heißt: Fußball zu spielen? –
Die eigene Seele wird zur Fußballseele,
das Herz und die Haut zum Leder!

*Aus: Melchior Vischer, Fußballspieler und
Indianer, Theaterstück von 1924*

3:2

Frank Lüdecke
Fußball – physikalisch und philosophisch!

> *Frank Lüdecke*, der Germanistik und Geschichte studierte
> und seine Magisterarbeit über Kurt Tucholsky schrieb,
> setzt sich mit den sogenannten Tatsachenentscheidungen
> im Fußball „philosophisch" auseinander. Sein Fazit:
> Der UNO-Sicherheitsrat sollte sich der Sache annehmen.

Im Fußball gibt es keine Fehlentscheidungen. Das mag für
Laien schwer verständlich sein, aber es ist so. Macht der
Schiedsrichter einen Fehler, wird dieser Fehler zu einer
objektiven Tatsache erklärt und man spricht von einer
„Tatsachenentscheidung". Selbst wenn der Schiedsrichter
nach dem Spiel zugibt, ooouh!, da habe ich wohl einen
Fehler gemacht, bleibt seine getroffene Entscheidung eine
Tatsache. Das hat weitreichende Konsequenzen. Im Oktober 2013 entschieden die Justiziare des DFB, dass sich ein
Ball, der *neben* das Tor geköpft wurde, aus sportrechtlicher
Sicht *im* Tor befunden habe.

Im Fußball kann sich also ein Ball *im* Tor sowie *neben*
dem Tor befinden. Und zwar gleichzeitig! Das ist sowohl
physikalisch als auch philosophisch nicht ganz uninteressant. Für Menschen, die mehr im wirklichen Leben zu Hause sind, mag es eher verwirrend sein, alle anderen wissen
seit der F-Jugend: Der Schiedsrichter hat immer recht. Weiterspielen!

Was war passiert?

An einem Freitag gegen 21.55 Uhr köpfte der Leverkusener Spieler Stefan K. (Name der Redaktion bekannt)
einen Ball neben das Hoffenheimer Gehäuse. Zur Verblüffung aller Beteiligten entschied der Unparteiische auf
„Tor" und löste damit eine schwerwiegende Kettenreaktion aus.

Bereits um 22.03 Uhr wurden in Berlin die Koalitions-
verhandlungen unterbrochen. Die Arbeitsgruppe „Soziale
Gerechtigkeit im Profifußball" forderte in einem Eilantrag,
dass Phantomtore nicht mehr zeitgemäß und deshalb zu
annullieren seien. Der Interessenverband „Philosophie und
Spitzensport" warnte dagegen in einer ersten Stellungnah-
me vor voreiligen Schlüssen. Es sei nicht eindeutig geklärt,
wann im eigentlichen Sinne von einem „Tor" zu sprechen
sei. Unbestritten sei nur, dass das Runde und das Eckige in
einem bestimmten Abhängigkeitsverhältnis zueinander
stünden.

Die FIFA reagierte empört und drohte mit dem Aus-
schluss Deutschlands von der WM. Die UNO forderte den
DFB auf, Inspektoren den Zutritt zum Sinsheimer Stadion
zu gewähren. Der Platzwart der TSG Hoffenheim räumte
ein, dass irgendetwas mit dem verdammten Netz nicht
stimmte. Aufgebrachte Zuschauer forderten in sozialen
Netzwerken ein Wiederholungsspiel. Die Entscheidung sei
nicht rechtmäßig gewesen, hieß es. Das allerdings war eine
schwache Begründung. Denn es gibt in unserer Gesell-
schaft viele Entscheidungen, die nicht rechtmäßig zustande
kommen, und trotzdem werden sie nicht zurückgenom-
men.

Tragisch indes die Rolle des Schiedsrichters: Er darf den
Videobeweis nicht nutzen. Das bleibt bislang den Zuschauern eines TV-Bezahlsenders vorbehalten. Auch viele Sta-
dionbesucher konnten sich mit ihren Smartphones in russi-
sche Livestreams einloggen und waren über den tatsäch-
lichen Vorgang quasi in Echtzeit im Bilde. Der Einzige, der
keine Ahnung hatte, war der Schiedsrichter. So blieb ihm
nichts anderes übrig, als auf der Suche nach Zeugen des
Tathergangs aufgebracht über den Platz zu laufen. Doch
keiner der Spieler konnte zweckdienliche Hinweise geben.
Insbesondere die Leverkusener beklagten plötzlich eine kol-

143

lektive Wahrnehmungsstörung. Keiner konnte sagen, ob der Ball im Tor war oder nicht. Manche Leverkusener waren sogar unsicher, in welcher Sportart sie eigentlich antraten.

Bei den Hoffenheimer Spielern lagen die Dinge anders. Sie hatten zwar gesehen, was sich ereignet hatte. Aber ihre rhetorischen Fähigkeiten reichten nicht aus, das Geschehene in verständlicher Art und Weise in Worte zu kleiden. So entstand die kuriose Situation, dass die rechtsgültige Entscheidung von derjenigen Person getroffen werden musste, die den geringsten Kenntnisstand der Sachlage hatte. Aber das ist ein Phänomen, das aufmerksamen Zeitgenossen nicht unbekannt sein dürfte.

Zunehmend wird von Außenstehenden nun die Einführung der sogenannten Torkamera oder eines „Videobeweises" verlangt. Doch viele Fans sind entsetzt. Sie sagen nein, nein, das ist nicht mehr mein Fußball! Natürlich nicht. In den Fünfzigern musste das Spielgerät noch vom Unparteiischen vorm Anpfiff zusammengenäht werden. Sofern sich ein paar Lederreste fanden.

Aber heute? Leben wir nicht in einer ganz anderen Welt? Unsere Rasenmäher sind satellitengestützt. Unsere Geschirrspüler verfügen über eine IP-Adresse. Deswegen entspricht die Torkamera der zunehmenden Digitalisierung des Lebens. Sie sagt Ja oder Nein. Drin oder nicht drin. Und Grenzfälle, wie in Wembley? Ja, was soll schon sein? Dann werden die Daten der Torkamera in Echtzeit an das Rechenzentrum der Uni Tübingen weitergeleitet, durchlaufen dort ein differenzialgeometrisches Simulationsprogramm und stehen Sekunden später bereits der Moderatorin von „Sky" zur Verfügung, die diese hässlichen Kleider trägt. Ist ein Kinderspiel heute.

Der Fußball wird sich nicht gegen die Technisierung des Fußballs sperren können. Wir brauchen die Torkamera.

Doch damit allein ist es nicht getan. Benötigt wird auch die „EAÜ"! Die „Elektronische-Abseits-Überwachung". Und natürlich die Münzwurfkamera! Ist Ihnen schon mal aufgefallen, dass niemand mehr die Landung der Münze überhaupt noch kontrolliert? Früher bückten sich wenigstens noch die Kapitäne. Hier wird doch der kroatischen Wettmafia Tür und Tor geöffnet!

Während der UNO-Sicherheitsrat ankündigte, sich des Falls anzunehmen, versprach die Kanzlerin eine Lösung noch innerhalb der nächsten Legislaturperiode.

Manni Breuckmann

Finale in der „Pink-Dream-Liga"!

Manni Breuckmann weissagt, wie Fußball in der „Pink-Dream-Liga" im Jahre 2100 aussehen wird. Sein Endspieltipp: „Bionade Heidelberg" gegen „Axa Bergheim".

Am 25. Mai 2100, einem strahlenden Frühlingstag, erlebt Fußball-Deutschland das glanzvolle Endspiel um die Meisterschaft der „Pink-Dream-Liga". Die Pink Dream Company, weltweit größte Herstellerin von Marihuana-Kaubonbons, sponsert die Bundesliga seit 2097 jährlich mit 300 Millionen Euro. Marihuana als legale „Entspannungsinsel" sowie ein Produzent von Marihuana-Kaustreifen, -Bagels, -Pralinen und -Hamburgern als Sponsor eines konservativen Sportverbands, das wäre noch um die Jahrtausendwende jenseits aller Vorstellungskraft gewesen. Aber: Das Kauen von gestrecktem, „mildem" Marihuana ist mittlerweile fast die einzige Möglichkeit, sich legal zu berauschen. Im Jahr 2024 ist das Rauchen komplett verboten worden, Alkohol wird nur noch an Personen abgegeben, die sich erfolgreich einem strengen Charaktertest unterzogen haben. Die Lizensierung von „Marihuana-light"-Produkten ist ein Zugeständnis an die brutal gerupfte Alkohol- und Tabak-Lobby, so weit reichte ihr Einfluss auf die politischen Entscheidungsträger gerade noch.

Das Finale um die Deutsche Meisterschaft wird seit dreißig Jahren im Hoffenheimer „Safe-and-Well-Stadion" ausgetragen, dessen Namensrechte beim europaweiten Marktführer für Seniorenparks liegen. Die Arena ist ganz in die pinkfarbenen Logo-Fahnen von Pink Dream gehüllt. In den „Pink-Dream-Lounges" rund um das Stadion werden die flachen Genussstreifen mit Mangogeschmack heute kostenlos verteilt. Für gute Laune, wenn auch der gedämpften Art, ist also beim Finale zwischen „Bionade Heidelberg" und „Axa Bergheim" gesorgt. Die Fans haben sich irgendwie alle lieb, über körperliche Auseinandersetzungen und Randale jenseits des Rasens musste schon lange nicht mehr berichtet werden.

Die Zuschauerränge in den überdachten riesigen Bundesliga-Arenen spiegeln einerseits die demoskopische Entwicklung wider: Der Altersschnitt liegt bei gut fünfzig. Andererseits haben die Bosse der „Pink-Dream-Liga" durch eine drastische Erhöhung der Eintrittspreise dafür gesorgt, dass störende Elemente aus dem Prekariat die Wohlfühlatmosphäre in den Stadien nicht mehr zerstören können. Unkontrollierte Gefühlsausbrüche sind jetzt nur noch in den zahlreichen Sportbars möglich, wo allerdings starken Gerüchten zufolge die Eiswürfel für die Softdrinks mit sedierenden Substanzen versetzt sind. Das Fußball-Show-Business kann sich also ohne lästige Nebengeräusche entfalten, selbst die Medienschaffenden, die die Spiele begleiten, haben sich von dem aufmüpfig klingenden Begriff „Journalist" verabschiedet: Sie nennen sich jetzt durch die Bank „Liga-Promoter".

Der Fußball wächst und gedeiht rauschhaft, in einem scheinbar endlosen Boom. Der Umsatz der Liga hat mittlerweile die Elf-Milliarden-Traummarke geknackt, elfmal so viel wie vor hundert Jahren. Die Fußball-Manager haben aber auch nichts ausgelassen, was die optimale Vermarktung des Produkts Fußball fördert. Beispielsweise findet jetzt jeden Tag ein Spiel der „Pink-Dream-Liga" statt. Bei dieser Entscheidung gab es zwar Widerstand der Kirchen und der Familienverbände; der war aber nach der Einführung der spottbilligen Family-and-Friends-Ticketpakete schnell gebrochen. Mit Unterstützung der regierenden „Konsum Partei Deutschlands" (KPD) legte die Pink Dream Company ein millionenschweres Jugendschutzpro-

147

gramm auf, inklusive eines „Kiddy-Pink-Dream-Streifens", der den Marihuana-Geschmack durch Aromastoffe nur vortäuscht.

Der Fußball ist jetzt nichts weiter als ein freundliches Umfeld für die werbetreibende Wirtschaft; traditionsbeladene Vereine wie der Hamburger Sportverein, Schalke 04, Borussia Dortmund oder der 1. FC Kaiserslautern sind fast komplett von der Fußball-Landkarte verschwunden. Wo es sich nicht ganz vermeiden lässt, wird die sogenannte Traditionspflege noch als „weicher" Faktor in die Markenbildung einbezogen. Auch der Spielmodus ist verändert worden. Das Endspiel um die Deutsche Meisterschaft in Hoffenheim garantiert Spannung, hohe Einschaltquoten und gigantische Einnahmen. Nach der Hin- und Rückrunde mit den bewährten 34 Spieltagen gibt es jetzt zusätzlich Play-Off-Spiele der acht Bestplatzierten.

Auch während der Spiele kommen immer mehr „wertvolle Produktinformationen" (Sportminister Jens Broszat von der KPD) zum Einsatz; denn im Fußball sind weltweit drei Drittel- anstelle der veralteten zwei Halbzeiten eingeführt worden. Außerdem ist die Vorberichterstattung im Pay-TV auf drei Stunden ausgeweitet worden, ab den Play-Offs sind es fünf Stunden. „Wir wollen den mündigen Fußball-Konsumenten", sagt „Pink-Dream-Liga"-Präsident Senft, „dazu gehört die möglichst umfassende Information über alle Aspekte des Spiels." Am Ende jedes Spieldrittels tritt ein Spieler am Mittelkreis ans Mikrofon, um eine Werbebotschaft vorzutragen, das sogenannte Players Testimonial.

Das Finale im Mai 2100 steht werbemäßig ganz im Zeichen des Hauptsponsors. Darum heißen heute auch die Eckfahnen, die sonst den stolzen Namen „Nutella-Eckfahnen" tragen, „Pink-Dream-Eckfahnen". Die Drittel-Testimonials, vorgetragen von den Mannschaftskapitänen, sind beeindruckende persönliche Bekenntnisse zur Bundesliga-Dachmarke: „Am trainingsfreien Montag ist auch für uns Fußball-Profis ‚Pink-Dream'-Tag. Lass dich fallen, kau dich frei! ‚Pink-Dream' – bald auch mit Curry-Flavour."

Zehn Minuten vor dem Anpfiff regnen von den Tribünendächern zehntausend „Pink-Dream-Streifen" ins Publikum. Im transportablen Fernsehstudio unter dem Tribünendach ist Chef-Promoter Nick Schandler gemeinsam mit dem exzentrischen Alt-Star Peer Sonntag seit Stunden bei der Vorberichterstattung. „Und nun noch einmal die Mannschaftsaufstellungen", spricht Nick in die Kamera, „präsentiert von den unvergleichlich-sahnigen ‚Perrado-Suppen'." Peer Sonntag lobt die taktische Cleverness der Trainer von „Bionade Heidelberg" und „Axa Bergheim". „Die beiden haben sich genau die richtigen Jungs aus dem ‚Bau-Oase-Ergänzungsspieler-Pool' geangelt", analysiert er mit seiner öligen Stimme.

Ein Heer von 250 Spielern, die noch zu jung sind oder ihren Karriere-Höhepunkt bereits überschritten haben, steht in dem ligaweiten Pool zum flexiblen Einsatz bereit. Jede Mannschaft hat pro Spiel bis zu drei kostenpflichtige Zugriffsmöglichkeiten. Nach dem nächsten Werbeblock verkündet Nick, unterstützt von „World Wide Bet" („Unsere Quoten machen Champions!"), die Top-Internetwetten des Finaltages.

Und dann kommt der große Augenblick: Unter den Klängen der „Pink-Dream"-Hymne „Light up your soul, let pink dreams come true", vorgetragen von Alt-Rockstar Big Butch Krugel, betreten die Mannschaften das weite Rund. Sie werden angeführt vom dreifachen Schiedsrichter des Jahres Mike Patton aus dem „Chinese-Daimler"-Schiedsrichterteam. Die Mannschaftskapitäne verlesen die üblichen Bekenntnisse gegen Fremdenfeindlichkeit und illegal produziertes Marihuana, gegen wirtschaftsfeindliche

Propaganda und für gesunden Patriotismus sowie die vorurteilsfreie Nutzung der Produkte aus dem Sponsorenpool. Schiedsrichter Patton zückt die Pfeife, die niedlichen Ballkinder, heute verkleidet als überdimensionale „Kiddy Pink-Dream-Streifen", tollen vom Spielfeld.

Das große Endspiel um die Deutsche Meisterschaft 2100, es kann beginnen.

Michael Horeni

Alles noch viel toller

Michael Horeni, seit 1989 Mitglied der Sportredaktion der
„Frankfurter Allgemeinen Zeitung" beziehungsweise der
„Frankfurter Allgemeinen Sonntagszeitung", schrieb unter
anderem eine Biografie über Jürgen Klinsmann und meint,
die Bundesliga habe ihre fetten Jahre noch vor sich. Hier die
Festrede zu ihrem hundertjährigen Jubiläum 2063 – ein
Rückblick auf die Zukunft des Fußballs

Groß, größer, größenwahnsinnig? Ach, woher!
Die Bundesliga, die am 24. August 2013 ihren fünfzigsten
Geburtstag feierte, hat ihre fetten Jahre noch vor sich –
und am 24. August 2063 ist schon wieder Jubiläum. Hier
lesen Sie die Festrede zum Hundertjährigen, ein Rückblick
auf die Zukunft des Fußballs.

Exzellenzen, sehr geehrte Damen und Herren,
liebe Fußballfreundinnen, liebe Fußballfreunde,

ich freue mich außerordentlich, Sie an diesem Tag, dem
24. August 2063, dem hundertsten Geburtstag der Fußball-
Bundesliga, hier in der Uli-Hoeneß-Football-World in
München begrüßen zu dürfen. Lassen Sie mich an dieser
Stelle, stellvertretend für viele unserer Freunde in der Fußballwelt, einige der hier anwesenden Exzellenzen aus dem
In- und Ausland ganz herzlich begrüßen: unseren langjährigen Weggefährten in Europa, den ehemaligen Präsidenten des südamerikanischen Staatenbundes, Lionel Messi;
den ehemaligen europäischen Kulturminister Pep Guardiola; den langjährigen europäischen Integrationsminister
Kevin-Prince Boateng; den ersten deutschen und europäischen Fußballminister Philipp Lahm – und natürlich unse-

ren hochverehrten Bundespräsidenten a. D., unseren guten Freund Jürgen Klopp.

Wir blicken heute auf eine einzigartige Erfolgsgeschichte zurück, an die bei unserer Gründung vor hundert Jahren niemand dachte – und an die auch wir Ältere, die wir nun hier stehen, selbst nach unseren bescheidenen Anfängen nach fünfzig Jahren Bundesliga, kaum zu träumen wagten. Die Bundesliga, wie wir sie damals kannten, ist heute längst Geschichte. Es war ein langer und schwieriger Weg, der uns zu dem gemacht hat, was wir heute sind.

Wer wüsste sich nicht etwa an jenen Rückschlag zu erinnern, der unseren Fußball nur wenige Jahre nach unserer Fünzig-Jahr-Feier der Bundesliga ereilte? Im Zuge der siebenjährigen Verhandlung gegen den großen Bayern-Präsidenten Uli Hoeneß wegen angeblicher Steuerhinterziehung, die bekanntlich mit einem Freispruch endete, hatte sich herausgestellt, dass auf zahlreichen anderen Konten für uns heute lächerliche Millionensummen der Bayern lagerten. Strafrechtlich war das selbst damals nicht zu beanstanden, und wie Sie alle wissen, hatten zu dieser Zeit ja nicht nur beim FC Bayern zahlreiche Sponsoren über Jahrzehnte hinweg umfangreiche Aktienpakete auf Auslandskonten bei den jeweiligen Klubs geparkt – und nach der jährlichen Ausschüttung der Dividende wieder in ihr Unternehmen zurückgeführt. Die Dividende verblieb bei den Vereinen, die – zumindest bei den Bayern – auch ordnungsgemäß versteuert wurde. Das war noch Financial Fair Play *(Gelächter im Saal)*.

Ich ahnte, dass Sie diese Geschichte vom zweiten Bundesliga-Skandal, der dann zum ersten Champions-League-Skandal wurde, erheitern würde. Aber damals hielt man das tatsächlich noch für einen Skandal. Die Bayern konnten damals nur mit Mühe, aber ganz im Sinne des Fußballs glaubhaft machen, dass diese Form der Finanzierung unumgänglich war, um gegenüber internationalen Mitbewerbern, die ganz andere Möglichkeiten der Finanzierung besaßen, in Europa konkurrenzfähig zu bleiben. Außerdem sei niemandem ein materieller Schaden entstanden, argumentierten die Münchner damals, und wo kein Kläger, da gäbe es auch keine Klage *(großes Gelächter im Saal).*

In der Öffentlichkeit erhob sich seinerzeit noch ein Sturm der Entrüstung, angeführt von Willi Lemke, dem Sonderberater des UN-Generalsekretärs für Sport. Damals wurde in den Medien noch unabhängig und unkontrolliert über Fußball und Sport berichtet, was dem Erfolg und der Glaubwürdigkeit unseres Sports bekanntlich nicht zuträglich war. Das änderte sich glücklicherweise später durch kooperierende Unternehmen, die sich darauf verpflichteten, sich im Sinne des Sports in ihrer Berichterstattung entsprechend zu engagieren, und nun längst zu einem wertvollen und unverzichtbaren Teil unseres Unternehmens geworden sind.

Dem Deutschen Fußball-Bund und der Deutschen Fußball-Liga, unseren Vorgängerorganisationen, blieb damals jedoch nichts anderes übrig – man kann sich das heute kaum noch vorstellen –, als den „Bayern-Fall" vor einem Sportgericht aufzurollen. Tatsächlich hatten es die Bayern nach den damals gültigen Regularien versäumt, die Sondereinnahmen gegenüber dem Verband als Sondereinnahmen zu deklarieren. So wurde unser großer FC Bayern im Jahr 2023 zum Zwangsabstieg in die zweite Liga verurteilt. Aber der unvergessene Uli Hoeneß *(die Menschen im Saal erheben sich zu Ovationen)* hatte eine Sonderregelung erwirkt, die dem FC Bayern erlaubte, alle seine Zweitligaspiele in Abstimmung mit den klassischen Fernsehsendern und den mobilen TV-Anbietern selbst festzulegen. Man einigte sich darauf, die 34 Spiele in die 35-tägige Sommerpause zu legen. Die Zweitligasaison des FC Bayern vom

1. Juli bis 4. August 2023 war ein grandioser, ja ein für unseren Fußball geradezu umstürzender Erfolg. Jeden Tag ein Spiel!

Die Fernsehquoten erreichten neue Rekordwerte, die erstmals sogar noch von den Rekordquoten auf den mobilen Empfangsgeräten übertroffen wurden. Das war der Durchbruch. Mehr als die Hälfte der einst gerade mal zwanzig Millionen Bayern-Mitglieder weltweit hatte ihren Urlaub in ausländischen Gefilden, in denen die Bayern-Spiele damals nicht im stationären Fernsehen übertragen wurden, nicht mehr stornieren können; und so lösten sie den mobilen TV-Boom aus.

Jener Sommer ebnete uns den Weg. Nun wird längst an jedem Tag und zu jeder Stunde gespielt – und unser Fußball ist überall und jederzeit auf der Welt zu empfangen. Danke, Uli!

Der FC Bayern gewann damals übrigens, wer wüsste das nicht, alle Spiele und wurde mit 102 Punkten und einer Tordifferenz von 143:3-Toren Meister der zweiten Liga. Da den Bayern nach zwanzig Spieltagen der Aufstieg schon nicht mehr zu nehmen war, hatte Hoeneß den Antrag gestellt, in der zwei Wochen später beginnenden Bundesliga-Saison gleich wieder als Aufsteiger mitspielen zu dürfen. Man hatte sich ja schließlich sportlich qualifiziert, und die Strafe in der zweiten Liga sei verbüßt, nun sollte endlich wieder der Sport im Mittelpunkt stehen. Die Verbände schlossen sich dankenswerterweise der Auffassung von Hoeneß an – und die Bayern gewannen danach bekanntlich auch gleich wieder die Deutsche Meisterschaft.

Ja, ja, man kann sich das kaum mehr vorstellen, aber so war das damals, als der europäische und vor allem der deutsche Klubfußball sich noch in dem engen rechtlichen und politischen Korsett bewegte, das seine Entfaltung so eingeengt hatte. Damals konnte man sich den Fußball auch noch nicht als das große, einigende europäische Kulturgut vorstellen, zu dem es in der großen Europa-Krise in den späten Zwanzigerjahren werden sollte. Heute wissen wir, dass damals, als in Europa alles zusammenzubrechen drohte, der Fußball das Einzige war, was Millionen Menschen in Europa über alle Krisen und Konflikte hinweg verband – und ihnen auch in dunklen Zeiten so viel Freude machte.

Nachdem der Fußball in Europa zum Staatsziel erklärt wurde, durften wir uns endlich nach unseren eigenen Regeln entwickeln, der unserem Fußball und Europa seither so guttut. Gut zwanzig Jahre lang hatten die Bayern und Borussia Dortmund zu Beginn des 21. Jahrhunderts die Bundesliga dominiert, aber nun war der Vormarsch von Unternehmensklubs nicht mehr zu stoppen, die überall in Europa steuerlich gefördert in den Fußball investierten. Die Pioniere von RB Leipzig wurden fünfmal nacheinander Meister, Volkswagen brachte alle seine Produktionsstandorte in die Bundesliga und gewann ein halbes Dutzend Titel – und dann folgten all die anderen, die uns in den vergangenen Jahren und Jahrzehnten mit ihren Mannschaften so viel Freude gemacht haben. So haben uns unsere Wirtschaftskraft und unsere Geschlossenheit auch in den großen europäischen Wettbewerben an die Spitze geführt. Die überfällige Sondersteuer Fußball, die mittlerweile in Europa zur Förderung unseres Kulturguts erhoben wird und für die ich meinen Kollegen in Brüssel an dieser Stelle noch einmal ausdrücklich danken möchte, entfaltet ebenfalls ihre gewünschte Wirkung auch in der Bundesliga. Ich denke, wir haben es hier und heute mit einem Hundertjährigen zu tun, der seine besten Jahre noch vor sich hat. Vielen Dank für Ihre Aufmerksamkeit,

Ihr Mats Hummels,
Bundeskanzler der Bundesrepublik Deutschland
und Präsident der Bundesliga AG

Quellennachweis

Trotz sorgfältiger Recherche war es nicht bei allen Texten möglich, die Rechteinhaber zu ermitteln. Wir bitten diese, sich gegebenenfalls mit dem Verlag in Verbindung zu setzen.

Biermann, Christoph: „Nur im Fußball gehe ich verloren"
Mit freundlicher Genehmigung des Autors

Breuckmann, Manni: „Kerzen spenden für den Auswärtssieg" und „Finale in der ‚Pink Dream Liga!'"
Originalbeiträge

Butzko, HG.: „Wäre Uli Hoeneß aufgewachsen in Schalke ", „Wie Gandhi gegen die Bayern!" und „Olympia Schalke"
Originalbeiträge

Camus, Albert: „Was ich dem Fußball verdanke", erschienen in „France Football" 1957, übersetzt von Marie Luise Knott

Delius, Friedrich Christian: „Turek, du bist ein Fußballgott". Aus: Friedrich Christian Delius, „Der Sonntag, an dem ich Weltmeister wurde. Erzählung" Copyright © 1994 Rowohlt Verlag GmbH, Reinbek bei Hamburg

Gernhardt, Robert: „Von Spiel zu Spiel". Aus: ders., Gesammelte Gedichte 1954–2006. © S. Fischer Verlag GmbH, Frankfurt am Main 2008

Gernhardt, Robert: „König Fußball". Aus: ders., Gesammelte Gedichte 1954–2006. © S. Fischer Verlag GmbH, Frankfurt am Main 2008

Goosen, Frank: „Richtig schick machen"
Originalbeitrag

Guareschi, Giovannino: „Don Camillo und Peppone"
Copyright © 1992 by Alberto and Carlotta Guareschi
Veröffentlicht im Rowohlt Taschenbuch Verlag, Hamburg,
März 1957

Henscheid, Eckhard: „Hymnentraining", „Bundesverdienstkreuz" und „Oskar Blose, bitte melden!"
Mit freundlicher Genehmigung des Autors

Hildebrandt, Dieter: „Trainer Hopp-Hopp". Aus: „Fußball-
Weltmeisterschaft 1974", (Hg.) Frank Grube und Gerhard
Richter, Hoffmann und Campe Verlag, Hamburg 1974
Mit freundlicher Genehmigung des Autors

Horeni, Michael: „Alles noch viel toller".
In: FAZ vom 26.08.2013 © Frankfurter Allgemeine Zeitung
GmbH 2014

Horváth, Ödön von: „Legende vom Fußballplatz".
Aus: Ödön von Horváth, „Sportmärchen, andere Prosa
und Verse", Suhrkamp Verlag GmbH und Co. KG, Frankfurt am Main 1997

Hüsch, Hanns Dieter: „Tore sollen größer werden".
Aus: Hanns Dieter Hüsch: „Zugabe. Unveröffentlichte
Texte aus fünf Jahrzehnten" © 2005, 2006, Verlag Kiepen-
heuer & Witsch GmbH & Co. KG, Köln

Kishon, Ephraim: „Warum ich ein Fußballfan bin".
Aus: „In Sachen Kain & Abel" © 1976 by LangenMüller in
der F.A. Herbig Verlagsbuchhandlung GmbH, München

Lüdecke, Frank: „Fußball – physikalisch und philosophisch!" und „Tore & Töne"
Originalbeiträge

Nagel, Christoph: „Fußball auf Rezept"
Originalbeitrag

Polgar, Alfred: „Sport als Erzieher".
In: Alfred Polgar, Irrlicht. Kleine Schriften, Band 3
Copyright © 1982 Rowohlt Verlag GmbH, Reinbek bei
Hamburg

Richter, Gerhard: „Herzschlagfinale"
Originalbeitrag

Ringelnatz, Joachim: Fußball. Aus: „Sämtliche Gedichte",
Zürich 1994/1997, S. 98–100

Rinke, Moritz: „Es muss auch ein Herz und eine Seele
geben (Eine dramatische Szene über den Niedergang des
FC Bayern)". Aus: Moritz Rinke: „Also sprach Metzelder
zu Mertesacker" © 2012, Verlag Kiepenheuer & Witsch
GmbH & Co. KG, Köln

Rinke, Moritz: „Die Liebe ist rund – Angela Merkels Lie-
besbriefe an Bastian Schweinsteiger (Nr. 2 bis Nr. 7) und
ein weiterer an Mesut Özil (Der Migrationsbrief)".
Aus: Moritz Rinke: „Also sprach Metzelder zu Mertesacker" © 2012, Verlag Kiepenheuer & Witsch GmbH & Co.
KG, Köln

Rosenberg Lipinsky, Lutz von: „Investor des Monats"
Originalbeitrag

Scheibner, Hans: „Die 89. Minute", „Elfmeter" und „Der Fußballfan"
Mit freundlicher Genehmigung des Autors

Trapattoni, Giovanni: „Ich habe fertig!". Zit. nach Rainer Moritz (Hg.): Doppelpass und Abseitsfalle, Reclam, Stuttgart 1995, S. 214

Valentin, Karl: „Fußball-Länderkampf".
Aus: Karl Valentin: Sämtliche Werke. Bd. 1: Monologe und Soloszenen © 1992 Piper Verlag GmbH, München

Wolf, Ror: „Der Ball". Aus: Ror Wolf, Das nächste Spiel ist immer das schwerste. © Schöffling & Co. Verlagsbuchhandlung GmbH, Frankfurt am Main 2008, S. 205

Wolf, Ror: „Der letzte Biß".
Aus: Ror Wolf, Das nächste Spiel ist immer das schwerste. © Schöffling & Co. Verlagsbuchhandlung GmbH, Frankfurt am Main 2008, S. 200

Zeigler, Arnd: „Die Attacke der Killer-Anzeigetafel"
Originalbeitrag

Einer packt aus!
Monolog eines ehemaligen DDR-Fußballtrainers. Zit. nach Thomas Brussig: Leben bis Männer, S. Fischer Verlag, Frankfurt am Main 2001, S. 35f.

Ja, der Fußball ist rund wie die Welt. Offizieller Song des DDR-Fußballs zur Fußball-Weltmeisterschaft 1974

Impressum

Bibliografische Information der Deutschen Nationalbibliothek
Die Deutsche Nationalbibliothek verzeichnet diese
Publikation in der Deutschen Nationalbibliografie;
detaillierte bibliografische Daten sind im Internet über
http://dnb.d-nb.de abrufbar.

ISBN 978-3-8319-0559-1

© Ellert & Richter Verlag GmbH, Hamburg 2014

Lektorat: Werner Irro, Hamburg
Redaktion: Katarina Wollherr, Hamburg;
Claudia Schneider, Hamburg
Gestaltung: BrücknerAping Büro für Gestaltung GbR,
Bremen
Gesamtherstellung: CPI books GmbH, Leck

Dieses Werk einschließlich aller seiner Teile ist urheber-
rechtlich geschützt. Jede Verwendung außerhalb der engen
Grenzen des Urheberrechtsgesetzes ist ohne Zustimmung
des Verlages unzulässig und strafbar. Dies gilt insbesondere für Vervielfältigungen, Übersetzungen, Mikro-
verfilmungen und die Einspeicherung und Verarbeitung
in elektronischen Systemen.

www.ellert-richter.de